INCESTE,
LE PIÈGE DU SOUPÇON

PAUL BENSUSSAN

INCESTE, LE PIÈGE DU SOUPÇON

belfond
12, avenue d'Italie
75013 Paris

Dans le cadre des affaires rapportées dans cet ouvrage, les dates et les lieux ont été supprimés ou modifiés, tout comme l'identité des personnes impliquées, afin de préserver leur anonymat et d'assurer un respect scrupuleux du secret professionnel.

Si vous souhaitez recevoir notre catalogue
et être tenu au courant de nos publications,
envoyez vos nom et adresse, en citant ce livre,
aux Éditions Belfond,
12, avenue d'Italie, 75013 Paris.
Et, pour le Canada, à
Édipresse Inc., 945, avenue Beaumont,
Montréal, Québec, H3N 1W3.

ISBN 2.7144.3693.5

À Virginie, Hannah et Nathan
À mes parents

… L'une dit : « Cet enfant qui vit est le mien, c'est le tien qui est mort » ; l'autre dit : « Non, c'est le tien qui est mort, celui qui vit est le mien. » C'est ainsi qu'elles discutaient devant le roi. Le roi ajouta : « Apportez-moi un glaive » ; et l'on présenta un glaive au roi. Et le roi dit : « Coupez en deux parts l'enfant vivant, et donnez-en une moitié à l'une de ces femmes, une moitié à l'autre. » La mère de l'enfant, dont les entrailles étaient émues de pitié pour son fils, s'écria, parlant au roi : « De grâce, seigneur ! qu'on lui donne l'enfant vivant, qu'on ne le fasse pas mourir ! » Mais l'autre disait : « Ni toi ni moi ne l'aurons – coupez ! » Le roi reprit alors la parole et dit : « Donnez-lui l'enfant vivant et gardez-vous de le faire mourir : celle-ci est sa mère. »

Tout Israël eut connaissance du jugement que le roi avait rendu, et ils furent saisis de respect pour le roi ; car ils comprirent qu'une sagesse divine l'inspirait dans l'exercice de la justice…

Jugement de Salomon,
Premier Livre des Rois, III.

Préface

Andrée Ruffo
Juge à la chambre de la Jeunesse, Cour du Québec, Canada
Présidente du Bureau international des droits des enfants

Vous m'avez fait l'honneur, cher Docteur Bensussan, de me proposer d'écrire la préface de votre livre sur les fausses allégations d'abus sexuels. Je suis touchée de cette demande et heureuse d'y répondre, car je trouve ce livre non seulement courageux mais salutaire, et je suis convaincue que la justice sera vraiment rendue lorsque, tous ensemble, nous accepterons de collaborer, avec la pleine conscience que l'intérêt supérieur des enfants doit prévaloir dans toutes nos démarches et nos décisions.

Votre livre, en effet, nous fait prendre conscience de l'urgence qu'il y a à combler l'écart entre les grands principes prônés par la communauté internationale et la réalité quotidienne. À une époque où nous reconnaissons des droits de plus en plus nombreux aux enfants, désormais inscrits dans nos chartes et dans nos lois (193 pays ont ratifié la convention relative aux droits de l'enfant), ces histoires vécues d'enfants aux prises avec des abus sexuels, et des abus de pouvoir exacerbés par des conflits de loyauté, nous rappellent combien il est urgent de travailler ensemble pour développer une plus grande sensibilité à des situations rendues plus dramatiques encore par la vulnérabilité des victimes.

L'évolution des sciences psychologiques a consacré, en théorie au moins, la reconnaissance de l'enfant, sujet de droit, citoyen à part entière. Ce statut, rappelé avec une émotion sentie par tant de politiciens, décideurs, magistrats, éducateurs, aurait de quoi nous réjouir si nous n'étions confrontés quotidiennement à la souffrance d'enfants exploités sexuellement, victimes de conflits armés, négligés, affamés. Et l'on pourrait poursuivre presque à l'infini l'énumération des abus dont ils sont les victimes.

L'affirmation répétée de ces droits ne servirait-elle qu'à se donner bonne conscience ? À quoi servent ces droits lorsque le respect dû à l'enfant, la prise en compte de sa fragilité, le devoir de le protéger et de l'aider à grandir, dans les faits, lui sont refusés. À quoi lui sert-il d'être entendu dans toute procédure judiciaire ou administrative le concernant, quand il se retrouve seul devant ses abuseurs, confronté à ses agresseurs, contre-interrogé par des avocats puissants et efficaces ?

À quoi servent tous ces droits lorsque la parole de l'enfant est niée, lorsqu'on banalise sa souffrance ? À quoi servent ces paroles d'adultes ?

L'un des premiers devoirs du juge pour enfants confronté à des affaires d'abus sexuel est d'apprécier la crédibilité des témoins. La chose n'est pas facile. Certes, la jurisprudence, la doctrine sont là pour nous guider. Mais nous restons néanmoins confrontés à cette tâche délicate d'évaluer le discours de l'enfant victime du présumé agresseur, des parents, des différents témoins amenés à prendre position.

Vous avez eu, Docteur Bensussan, le courage de dire que tout n'est pas si clair, que la vérité est complexe, et que la recherche de celle-ci est une démarche demandant intégrité, compétence, et perspicacité. Le travail, tant des magistrats que des avocats, des psychiatres, des éducateurs ou des enseignants est délicat, exige attention, continuité, compassion, pour que puisse s'établir une relation de confiance, laquelle seule nous permettra d'approcher la vérité.

Vous avez avec justesse rappelé que l'on ne devait pas confondre sincérité et vérité. Le juge, pour rechercher la vérité, doit en effet prendre en compte la sincérité ou la bonne foi, parmi d'autres facteurs tels que la malice, l'intérêt, les jeux de pouvoir, les pathologies (bien qu'il ne relève pas de la compétence du magistrat de poser un diagnostic de maladie mentale).

Je suis également très touchée que vous ayez proposé à une juge canadienne de préfacer votre livre. Je suis touchée parce que, une fois encore, je réalise que l'ampleur des souffrances endurées par les enfants dépasse largement nos frontières respectives. En tant que présidente du Bureau international des droits des enfants, j'ai eu l'occasion de rencontrer des magistrats partout dans le monde. Je les ai entendus relater des situations semblables à celles que vous décrivez, et exprimer avec beaucoup d'humilité et de franchise les difficultés rencontrées dans leur travail. Ensemble, nous avons parlé de nos limites, confessé notre impuissance, mais aussi réaffirmé notre foi dans l'avenir et dans ceux qui, comme nous, croient aux enfants.

Parce que vous avez choisi de nous parler de ces difficultés avec honnêteté, compétence, à l'aide d'exemples probants qui nous ramènent à nos propres sentiments, à nos propres limites, et à la grandeur de notre mission ; parce que vous avez osé dire ce que beaucoup gardent secret dans le silence feutré de leur officine, nous vous sommes infiniment reconnaissants, et vous disons combien nous apprécions cette démarche d'homme conscient de sa responsabilité.

Ce livre est un outil éducatif de premier ordre, un outil de sensibilisation et de partage, porteur d'espoir, et susceptible de générer un sens accru de responsabilité pour tous ceux qui, comme moi, ont à prendre chaque jour des décisions qui marquent la vie des enfants.

Votre livre est audacieux, votre livre est bon, bon à lire, bon pour l'âme. Votre livre est honnête et apporte l'espoir. Il nous rappelle la nécessaire vigilance que nous devons pratiquer vis-à-vis de l'application de lois qui, bien que reconnaissant les droits des enfants, restent souvent lettres mortes.

Un monde juste permettra à chacun d'aller au bout de lui-même, d'accomplir sa destinée. Nos lois, nos conventions, nos décisions garantissent ce droit à chacun. Avons-nous emprunté les bons chemins ? Sommes-nous sur la bonne voie ?

Introduction

L'enfant est un acteur récent de la vie sociale. En quelque quarante ans, les travaux de pédopsychiatres et de chercheurs comme Françoise Dolto, Donald W. Winnicott et Jean Piaget ont permis d'entrevoir la richesse de sa vie intérieure dès les stades les plus précoces de son développement. Cette prise de conscience a considérablement modifié l'attitude des adultes et du corps social.

En découvrant sa complexité, on a appris à considérer l'enfant différemment, à le respecter davantage, à concevoir sa nécessaire autonomie et à lui reconnaître des droits.

Parallèlement, la protection de l'enfant est devenue un enjeu collectif. Des organismes veillent aujourd'hui au plan national comme international à l'amélioration de la condition enfantine là où elle est menacée.

Parmi les souffrances infligées aux enfants, les plus unanimement condamnées sont les abus sexuels. En témoigne le retentissement médiatique désormais accordé aux affaires d'inceste et de pédophilie.

Cette médiatisation a eu des effets bénéfiques : nombre de situations incestueuses couvertes auparavant par un silence honteux ou une véritable cécité psychique sont aujourd'hui détectées et révélées, et les abuseurs sévèrement sanctionnés.

Mais la publicité autour de ces affaires n'est pas dénuée d'effets pervers : la hantise obsessionnelle de l'inceste et de la pédophilie résonne dans le subconscient collectif, au risque d'influer sur les comportements individuels.

La sphère familiale n'échappe pas à cette obsession, qui peut affecter la lucidité de certains parents dans le contexte de divorces particulièrement conflictuels, souvent marqués par un affrontement autour de la garde des enfants. La suspicion d'abus sexuels sur l'enfant est alors un risque majeur. Le scénario est, hélas, toujours le même : la vigilance exacerbée qui suit les premiers doutes modifie insidieusement la perception de la réalité. De simples gestes de tendresse, hier encore émouvants, sont interprétés comme autant d'indices en faveur du soupçon. De façon logique, ce doute intolérable aboutit rapidement à une consultation médicale, puis à un signalement[1] aux autorités policières ou sociales et, enfin, à une procédure judiciaire.

C'est ce phénomène d'accusations infondées que les professionnels concernés (juges, avocats, médecins, experts) nomment fausses allégations d'abus sexuels. Psychiatre et expert judiciaire, j'ai fréquemment été missionné dans le cadre de divorces impliquant les enfants au travers d'une accusation d'inceste. Comme

1. Un signalement est une déclaration obligatoire, imposée par la loi pénale aux personnes ayant connaissance de certains faits délictueux. Il ne faut pas le confondre avec la plainte, acte par lequel la victime d'une infraction, ou son représentant, porte ce fait à la connaissance de l'autorité compétente.

beaucoup de mes confrères, en France et à l'étranger, j'ai pu constater la multiplication des affaires d'abus sexuels « fantasmés », mettant en cause des parents, plus généralement des pères.

Cette inflation a fait l'objet d'études et de publications en qualité et en nombre suffisants [1] pour que l'on puisse distinguer la fausse allégation de l'accusation mensongère. La première repose sur une croyance sincère mais erronée ; elle est sur le plan humain et psychologique d'une infinie complexité. La seconde, heureusement minoritaire, relève de la dénonciation calomnieuse : il s'agit d'un délit ; la justice, lorsqu'elle peut en établir la preuve, engage des poursuites contre son auteur.

Dans ces affaires, le magistrat attend de l'expert un avis sur la personnalité du parent mis en cause, ainsi que l'étude de « tous les éléments utiles à la manifestation de la vérité ». Mais cette expertise montre aussi que la fausse allégation comme l'accusation mensongère engendrent des dégâts considérables chez tous les protagonistes, les plus lourds étant malheureusement à déplorer chez l'enfant. De fait, si difficile à croire que cela puisse paraître, leurs conséquences sont équivalentes à celles de réels abus sexuels. La violence psychologique atteint parfois un niveau tel que l'on pourrait presque parler de meurtre psychique. Comment ne pas interpréter ainsi le lapsus terrible de ce père, me parlant de celle qui l'accusait, et qu'il avait passionnément aimée : « Cette femme a été l'*amort* de ma vie. »

Les cas relatés dans cet ouvrage, directement tirés d'une expérience clinique et d'une pratique de l'expertise judiciaire, ont été choisis pour illustrer la diversité

1. La bibliographie jointe à cet ouvrage donne une idée de l'ampleur du phénomène, même si elle est loin d'être exhaustive.

et l'étendue des dégâts engendrés par ce type de situations.

Même lorsque le parent est innocenté, au terme d'une longue procédure, marquée par des mesures implacables de séparation, et parfois de placement des enfants en foyer, les chances de restauration d'une relation parentale digne de ce nom sont faibles. Rien ne pourra remplacer les années perdues, ni réparer la sanction sociale liée à la procédure elle-même.

Aucune solution satisfaisante n'a jusqu'ici été proposée. Le traitement judiciaire et social s'effectue au cas par cas, et, dans certaines situations extrêmes, les mesures adoptées peuvent se révéler aussi dévastatrices dans les faits qu'elles se voulaient protectrices dans l'intention.

Pourtant, si la plupart des professionnels concernés ont eu à intervenir dans ces situations tragiques, bien peu semblent désireux d'ouvrir le débat.

Comme si la volonté d'entreprendre une réflexion sur les fausses allégations en matière d'inceste était guidée par on ne sait quelle intention occulte, entraînant inévitablement le risque d'innocenter d'authentiques abuseurs.

Et on est bien là au cœur du problème : le pouvoir de nuisance des fausses allégations d'abus sexuels repose en grande partie sur la peur qu'elles suscitent.

Une peur qui ouvre une brèche psychologique et judiciaire, dans laquelle s'insinuent des parents à l'équilibre fragile ou à l'imagination abusée. Une peur qui s'invite en partenaire de tous les protagonistes, parent dénonciateur, parent mis en cause, enfant conduit d'audition en interrogatoire et de consultation médicale en expertise psychiatrique…

Une peur qui n'épargne ni les juges, ni les médecins, ni les experts, dont le souci légitime est de ne pas passer à côté de vrais abus. Ce qu'un magistrat résumait ainsi :

L'allégation d'inceste constitue un véritable piège : dès qu'une affaire de ce genre arrive sur le bureau du juge, les dégâts sont inévitables, que l'abus soit avéré, fantasmé ou fabriqué.

C'est pour aider à déjouer ce piège, et avec une entière conscience de la délicatesse du sujet, que la rédaction de cet ouvrage a été entreprise.

De la vigilance à la déraison

À une trop longue période de dénégation de la pédophilie ne doit pas pour autant se substituer l'ère du soupçon[1]...

Cette phrase n'est pas extraite d'un rapport de psychiatre ni d'une publication d'une association de pères, elle émane du *Bulletin officiel du ministère de l'Éducation nationale*, qui se préoccupe, dans une circulaire adressée à tous les responsables du corps enseignant, des problèmes posés par « l'ensemble du phénomène des violences sexuelles, concernant, à l'heure actuelle, près d'un enfant sur dix ».

Ce document met l'accent sur la nécessité, pour toute la communauté scolaire, de redoubler de vigilance, « en ayant le souci de la protection de l'enfant et celui de la présomption d'innocence qui s'attache à la personne mise en cause [...] ».

1. *Bulletin officiel du ministère de l'Éducation nationale* n° 30 – 4 septembre 1997, p. 1. Circulaire n° 97-175. Instruction concernant les violences sexuelles.

Après avoir rappelé les modalités de répression pénale des violences sexuelles, le *Bulletin officiel* aborde le problème « des accusations sans fondement ou des accusations mensongères, portées dans le seul but de nuire à l'honneur ou à la considération d'une personne ».

Dans ce domaine, la justice a été prévoyante : leurs auteurs sont passibles de poursuites. La personne qui s'estime victime d'une dénonciation calomnieuse peut déposer une plainte pour diffamation sans même attendre l'issue de l'instance pénale.

Mais, pour qu'on puisse parler de dénonciation calomnieuse, il ne suffit pas que l'accusation soit infondée : il faut encore prouver qu'elle a été portée avec l'intention de nuire (article 226-10 du code pénal), ce qui suppose d'établir la preuve de la mauvaise foi du dénonciateur. Pas toujours facile. Encore moins pour un enseignant quand son « accusateur » est un enfant.

D'autant que la loi impose à ces fonctionnaires, « plus particulièrement exposés à ce type de situations extrêmement éprouvantes, de parler et d'agir lorsqu'ils sont confrontés à des problèmes de violences sexuelles (article 40 du code de procédure pénale). Tout manquement à cette obligation les expose à des poursuites, pour "non-empêchement de crime, non-dénonciation de mauvais traitements, ou non-assistance à personne en danger" ». Ainsi, plus question pour un directeur d'établissement ou un recteur d'académie « d'étouffer une affaire » de pédophilie en se contentant de demander la mutation de l'enseignant impliqué. Des dossiers, auparavant traités au niveau disciplinaire, se voient aujourd'hui portés en justice. C'est ainsi que les tribunaux français ont eu récemment à juger des « cas » survenus à l'école maternelle, où victime et « agresseur » avaient moins de six ans [1] !

Parallèlement, le corps enseignant se sent de plus en plus vulnérable face à la recrudescence d'accusations sans fondement, émanant de parents ou d'élèves. Certains faits divers récents ont eu pour victimes des professeurs accusés d'agressions sexuelles par des élèves qui, plus tard, ont reconnu avoir « inventé » les faits [2]. Au point qu'en mars dernier avait lieu une réunion organisée par des enseignants mis en cause. D'après eux, si seize d'entre eux avaient été accusés d'abus sexuels en 1994, ils seraient actuellement trois cents à cinq cents, dans cette situation, l'État préférant « suspendre des innocents plutôt que prendre le risque de couvrir des pédophiles ». « J'ai peur quand un enfant s'approche de moi. J'ai peur quand un enfant marche devant moi dans la rue, je rebrousse chemin, je change de trottoir. La suspicion plane, tout peut être interprété [3]... », avouait un instituteur. Lui aussi a été la victime d'une dénonciation calomnieuse. Depuis, il a modifié ses attitudes : « Ne plus prendre dans ses bras un gamin qui pleure, bannir tout contact. En maternelle, le bisou du matin, c'est fini. "Dutroux !" et "pédophile !" deviennent les insultes favorites des gamins à notre égard. »

1. En 1998, le tribunal de Pontoise désignait un expert pédopsychiatre pour examiner un petit garçon de trois ans et demi, victime à l'école maternelle d'attouchements de la part d'un de ses camarades âgé de quatre ans. La mère de la victime avait porté plainte au nom de son fils.

2. *Libération* du 5 juillet 1999 : « Une professeur relaxée des accusations d'atteintes sexuelles inventées par une adolescente mythomane. »

3. *Libération* du 29 mars 1999, dans un article de Françoise-Marie Santucci.

L'évolution des mentalités et des comportements ne se limite pas à la vie professionnelle. La famille a vu progressivement la loi s'introduire dans son intimité. Cette mutation s'est opérée lentement, et dans notre société attachée aux traditions subsistent encore des traces de l'autorité arbitraire du père de famille. Mais le cercle archaïque est peu à peu brisé par des convictions nouvelles proches de la notion de « devoir d'ingérence », ce principe qui combat tous les abus de pouvoir. Le devoir d'humanité, de secours et de solidarité ne devrait pas connaître de frontières, fussent-elles familiales.

Dominique Vrignaud, ancien juge des enfants, aujourd'hui substitut général près la cour d'appel d'Amiens, déclarait lors d'un séminaire[1] consacré aux violences sexuelles :

Si le législateur s'est refusé à gérer l'ordre moral et culturel et à s'immiscer dans le fonctionnement familial, néanmoins son intrusion s'est au fil des ans considérablement accentuée. C'est d'ailleurs souvent au nom de l'enfant et de son intérêt que cette intrusion s'est opérée. En ma qualité de juge des enfants, ce serait ignorer la nature de ma fonction que de l'oublier.

Affirmer ces nouveaux devoirs, c'est ouvrir davantage le droit de regard de la société sur les affaires de famille. Certes, l'action sociale ne date pas de ces dernières années, mais il existe désormais une différence fondamentale d'approche, qui consacre la prééminence de la sphère publique sur la sphère privée. Symbole de cette évolution : la création du corps des

1. *De l'inceste*, Odile Jacob, 1994, issu du séminaire organisé au Collège de France par Françoise Héritier.

juges aux affaires familiales (JAF), dont l'ancienne appellation était « juges aux affaires matrimoniales ».

Ainsi, des conflits auparavant limités aux huis clos de la structure familiale (« familles à confinement affectif » dont parle Boris Cyrulnik, psychiatre et directeur de recherches en éthologie) entraînent aujourd'hui l'intervention de la force publique, à la demande d'un citoyen, fût-il un enfant. Cette médiation – ou coercition, selon les cas – est la plupart du temps opportune, particulièrement quand il s'agit de protéger l'enfant contre ses propres parents, dans un milieu familial néfaste.

Mais cette sollicitation croissante des services publics est parfois détournée de sa vocation première et utilisée contre un membre de la famille.

Si, dans les authentiques situations d'inceste, nous pensons, comme Dominique Vrignaud, que « dire la protection, c'est avant tout séparer », force est de reconnaître qu'il n'est pas toujours possible de démêler d'emblée le vrai du faux. En outre, des mesures de séparation adoptées dans l'urgence sont parfois difficilement réversibles en raison des rebondissements psychologiques et judiciaires qui jalonnent immanquablement l'évolution de ces affaires.

Sous un angle psychologique, le sentiment de révolte qu'inspirent certains cas de mauvaise foi évidente, voire de machiavélisme, fait perdre de vue le poids des banales erreurs d'interprétation qui sont bien plus souvent à l'origine de ces accusations.

Tenter de démonter le mécanisme qui, à partir de ces erreurs, déclenche les déchaînements procéduriers que l'on connaît ne doit en aucune façon autoriser à douter *a priori* de la sincérité d'une mère qui assure vouloir protéger son enfant.

On connaît, dans des domaines moins passionnels, le pouvoir des médias sur l'opinion publique, et leur capacité à modifier le comportement de personnes suggestibles [1]. Quel médecin n'a pas eu affaire à des patients inquiets, ressentant les premiers symptômes de la maladie évoquée la veille à la télévision ? Si certains d'entre eux consultent à raison, la plupart de ces « patients du lendemain » sont des hypocondriaques anxieux qu'il suffira de rassurer.

L'influence des médias ne joue pas différemment dans le cas des abus sexuels. Il est clair que la recrudescence alarmante des accusations d'inceste ne correspond pas à une augmentation parallèle d'incestes avérés. Si certaines situations, hier ignorées, sont à présent révélées, d'autres sont simplement fantasmées, quand elles ne sont pas fabriquées. Tous les spécialistes le savent et aucun médecin ou expert, hormis quelques fanatiques, ne songerait à nier l'existence de ce phénomène.

Existe-t-il un lien de cause à effet entre la levée du déni, incontestable avancée sociale et morale, et la multiplication des fausses accusations d'inceste ? Nous trouvons-nous face à un phénomène de suggestion collective, mêlant l'inquiétude légitime à l'imagination, ou face à l'utilisation cynique d'une crainte omniprésente ? Avoir permis de « tout dire » entraînerait-il nécessairement le risque de dire n'importe quoi ?

Si le divorce dégénère souvent en un affrontement haineux, toutes les armes ne devraient pas y être licites ;

1. Suggestibilité : fait d'être particulièrement influençable.

nous sommes loin de pouvoir évaluer les conséquences psychologiques à très long terme des fausses allégations, mais nous pouvons estimer sans grand risque d'erreur qu'elles seront majeures.

« Une arme à double tranchant »

Dominique Coujard, vice-président du tribunal de grande instance de Paris [1], constate « l'énorme augmentation des divorces pour faute », engendrant selon lui d'autant plus de difficultés parentales. Plus on se déchire, plus l'enfant devient un enjeu, plus il est en danger. Il qualifie la fausse allégation d'abus sexuels d'« arme dangereuse et à double tranchant », soulignant ainsi le risque d'« effet boomerang » sur le parent dénonciateur.

Ce magistrat précise en effet l'importance croissante accordée par les JAF au rôle du père, ainsi qu'à la notion de « parent le plus apte à favoriser les relations de l'enfant avec l'autre parent ».

En théorie, s'il est clairement établi que le parent auteur d'une allégation d'abus sexuels a pour but principal de priver son conjoint de l'enfant, le problème se pose alors de l'attribution de la garde à celui qui s'est trouvé injustement mis en cause. Non pour sanctionner le dénonciateur (l'enfant ne devrait jamais constituer un moyen de rétorsion), mais parce qu'il aura, en quelque sorte, prouvé sa toxicité, pour ne pas dire son incompétence. Reconnaissons cependant qu'il est impossible, en droit de la famille, de s'appuyer sur des règles simplistes. Un père accusé à tort d'abus

---

1. Ancien juge d'instruction et actuellement responsable du service des affaires familiales.

sexuels ne devient pas pour autant un bon père : il peut être, par ailleurs, violent, alcoolique ou tout simplement incapable de s'occuper d'un enfant. Devant une telle complexité – juridique, mais aussi humaine et psychologique –, force est d'admettre que, pour éviter l'arbitraire, leur mission exige des magistrats, en plus de leur expérience et de leur technicité, de grandes qualités personnelles.

Dans les faits, la garde de l'enfant (que l'on désigne désormais sous le terme de « résidence habituelle ») reste majoritairement attribuée à la mère. Peu de pères en font la demande, un sur dix environ. On a beau valoriser les « nouveaux » pères, ils demeurent minoritaires.

L'habitude qui consiste à privilégier systématiquement la branche maternelle n'est pas pour autant dénuée d'inconvénients. En cas de rupture des relations avec le père, les grands-parents paternels se voient souvent évincés de la relation avec leurs petits-enfants. Certaines décisions de justice en sont l'illustration, qui leur attribuent simplement l'une des « petites vacances » de l'année. Ces grands-parents posent aujourd'hui la question de leurs droits. Bien que définis par le code civil, ceux-ci restent précaires.

L'engrenage

Scénario pour une guerre annoncée... Il va de soi que les histoires d'amour ne finissent pas – toutes – mal et qu'un grand nombre de divorces se déroulent dans des conditions acceptables, entre adultes raisonnables et soucieux de préserver l'équilibre affectif de leurs enfants.

Toutefois, pour faciliter la compréhension des phénomènes abordés dans ce livre, il nous a paru utile de rappeler que les couples engagés dans ces séparations très violentes ont, eux aussi, commencé par vivre une belle histoire.

Love Story

Plus question de mariage arrangé pour convenances familiales, les hommes et les femmes sont aujourd'hui libres de leur choix. Une liberté surveillée par l'inconscient : chaque individu possède une image fantasmatique du « couple idéal » et de l'amour, forgée par sa personnalité et les interactions entre son histoire personnelle et l'histoire familiale. Nous ne choisissons pas notre partenaire par hasard : notre inconscient nous pousse vers un être dont nous espérons qu'il saura satisfaire nos aspirations. Cette « illusion sentimentale » donne parfois, dans les premiers temps de l'idylle, ce merveilleux sentiment d'évidence qui fait penser que la personne aimée est celle avec laquelle un lien conjugal, voire un projet parental, pourrait être envisagé.

À ce stade, les ennemis naturels de l'amour – morosité, lassitude, ennui, incapacité à cultiver connivence et sensibilité communes – n'ont pas droit de cité. Et, lorsque l'un d'eux se manifeste, le couple lui oppose, paradoxalement, tel ou tel projet – une manière d'échapper au présent en s'en remettant à l'avenir. L'engagement symbolisé par une naissance est sans doute le plus porteur d'espoir.

L'arrivée d'un bébé modifie l'équilibre du couple et impose des réaménagements sur les plans affectif, psychologique et... domestique. La capacité des conjoints à s'adapter à leur nouveau statut dépend, comme pour le choix du partenaire, d'une multitude de facteurs : histoire personnelle, relations avec leurs propres parents, culture familiale[1]...

Les premiers signes de désillusion amoureuse se manifestent dès que l'un des membres du couple (ou les deux) ne trouve pas chez l'autre ce qu'il espérait ou avait cru discerner.

1. L'approche systémique étudie les interactions familiales sur plusieurs générations afin de mieux comprendre l'origine des dysfonctionnements : dans une histoire familiale, il y a toujours des secrets, des souffrances, des conflits, des rivalités ou, parfois, de véritables haines.

Il est d'ailleurs fascinant de constater que, dès le début de leur union, chacun des conjoints entrevoit confusément les causes possibles de discorde. Cette lucidité prémonitoire, cette anticipation fugitive sont rapidement occultées par l'état amoureux.

On pourrait donc dire que toute relation amoureuse porte en germe les causes de la désaffection et que les conjoints en ont presque toujours perçu les prémices. C'est après la désillusion, lors de la mésentente conjugale avérée, que chacun ose s'avouer cette prescience. Tout se passe alors comme si le temps et l'attachement avaient juste permis de différer une fin inéluctable. Le couple est arrivé au terme de son parcours. Plus aucun projet n'est possible, la présence de l'autre devient pesante, la fréquence des conflits augmente, les processus de réconciliation ne fonctionnent plus : l'heure de la séparation est venue.

Mais souvent, entre-temps, un enfant est né…

Nouveaux pères et jeunes grands-parents

Il y a encore vingt ans, les pères poussant un landau, donnant le biberon ou changeant une couche faisaient figure de précurseurs, et couraient le risque de voir leur virilité mise en cause, ou d'être perçus comme « dominés » par leur épouse. On a longtemps écarté les hommes (parfois contre leur gré) des « affaires de femmes », et la seule présence légitime aux côtés de la jeune maman en salle de travail était celle de sa propre mère.

Aujourd'hui, les futurs pères s'impliquent volontiers dès le début de la grossesse, assistent à la naissance, et ne craignent plus de se sentir dévirilisés en s'occupant de leur bébé. Certains auteurs ont évoqué le risque d'une possible confusion des rôles, mais les travaux les plus récents démontrent que le bébé établit – peut-être dès la vie fœtale – la distinction entre son père et sa mère… et ne se trompe jamais. Ceux que l'on appelle les « nouveaux pères » entrent quelquefois en rivalité avec la mère. Chacun souhaite s'occuper de l'enfant et prouver son savoir-faire, l'homme cherchant sa place et la femme revendiquant la sienne. Le *pater familias* d'aujourd'hui se heurte alors à la matrone d'autrefois…

Mais d'autres difficultés sont à prendre en considération, et parmi elles, les relations avec les beaux-parents sont l'une des plus déterminantes dans les cas qui nous occupent.

L'art d'être grand-père a bien changé depuis Victor Hugo. Plus question de sages vieillards retirés de la compétition de la vie active, pas plus que de « mamies » vouées aux confitures. Les grands-parents font désormais « jeu égal » avec leurs enfants, ce qui peut rendre leur statut plus difficile à assumer. C'est notamment le cas après le départ du dernier enfant (syndrome classique du « nid vide »).

Dans une relation conjugale, la qualité des liens avec les belles-familles est déterminante. Entre deux « classiques » (véritable seconde famille affectueuse et accueillante, ou au contraire beaux-parents hostiles) existent d'innombrables situations où les relations sont juste convenues, policées, distantes. Des beaux-parents affectueux peuvent être remarquablement discrets, alors que certains, avec lesquels on souhaiterait maintenir une distance salutaire, envahissent l'intimité du couple. D'autres encore désapprouvent ouvertement le choix du conjoint (mais qui aurait pu trouver grâce à leurs yeux ?).

À la naissance du premier enfant, les beaux-parents doivent eux aussi trouver un nouvel équilibre. Ils peuvent éprouver quelques difficultés à doser leur degré d'implication dans la vie du jeune couple. Certains y échouent, qui donnent leur avis de façon intempestive, sur le choix d'un prénom, la compétence parentale de leur gendre ou de leur belle-fille, les méthodes d'éducation de l'enfant, déplorant de ne pas « l'avoir » (le terme est parlant) aussi souvent qu'ils l'avaient imaginé…

Chacun reste inévitablement lié à sa propre famille, même s'il pense sincèrement s'en être totalement affranchi. Seule une relation conjugale fondée sur une grande complicité permet d'affronter des grands-parents trop intrusifs – qui peuvent constituer une source supplémentaire de mésentente.

Le divorce

> *À la guerre, il n'y a pas de gagnant : il n'y a que des perdants.*
>
> CHAMBERLAIN, 3 juillet 1938.

Lorsque le couple se déchire, puis se sépare (un mariage sur trois), l'enfant peut se retrouver au centre du conflit, le père revendiquant à juste titre la reconnaissance et le maintien du rôle qu'il assumait quand « tout allait bien ».

De tels conflits sont probablement parmi les plus durs de ceux qui émaillent les procédures de divorce.

Dans un divorce par consentement mutuel, les parents décident eux-mêmes des dispositions à adopter. La mère obtient en général la garde de l'enfant, l'autorité parentale restant attribuée aux deux parents. Après avoir examiné le dossier, le juge aux affaires familiales donne son aval aux propositions de l'avocat. Dans un divorce contentieux, seul le JAF décide des mesures les mieux appropriées à la situation : exercice de l'autorité parentale ; résidence habituelle de l'enfant ; droits de visite et d'hébergement ; montant de la pension alimentaire…

Le divorce – contentieux ou non – représente toujours un épisode douloureux sur le plan affectif, ainsi qu'une blessure narcissique. Il peut prendre les dimensions d'un séisme personnel et familial qui laissera des cicatrices indélébiles. Enfants et parents s'adaptent peu à peu à leurs nouvelles conditions de vie, et les nécessaires remaniements psychologiques s'opèrent lentement. Chaque conjoint nourrit un sentiment d'échec : ils ne seront jamais ce couple rêvé, l'amour n'est plus qu'un souvenir. Il leur faut faire le deuil du passé… et d'un avenir.

Celui qui prend l'initiative du divorce se sent coupable vis-à-vis des enfants, qui eux-mêmes ont l'illusion qu'ils avaient le pouvoir d'éviter cette séparation. Dans presque tous les cas de divorces, qu'ils soient conflictuels ou « amiables », les enfants portent le poids d'une responsabilité imaginaire. Ils demandent souvent à leur père ou à leur mère : « Est-ce à cause de moi que vous divorcez ? » Des troubles du comportement peuvent apparaître, traduisant leur souffrance morale, leur angoisse d'abandon, leur nostalgie de l'époque où leurs parents vivaient réunis, où le triangle était encore intact.

Lorsqu'il est le principal enjeu du divorce, l'enfant se trouve enfermé dans un conflit de loyauté : il aime ses deux parents et ne souhaite pas prendre parti, sentant confusément qu'il trahit l'un dès qu'il soutient l'autre.

Quels sont les facteurs susceptibles de favoriser l'apparition de fausses allégations d'abus sexuels ? À partir de l'analyse de multiples cas, il est possible d'apporter quelques réponses, même si ces allégations restent soumises à des règles infiniment complexes. La période de risque se limitant à la phase d'« incandescence passionnelle » de la séparation, c'est *a posteriori* que l'analyse des relations intrafamiliales antérieures à la survenue de l'allégation peut devenir éclairante.

Il va de soi que les configurations familiales que nous allons décrire sont caricaturales : rassemblant à elles seules, artificiellement, les caractéristiques de plusieurs cas réels, aucune ne peut être érigée en règle absolue. Enfin, la présence de tel ou tel dysfonctionnement n'a de toute évidence aucune valeur prédictive.

Dans le temps imparti à une expertise psychiatrique (au mieux deux ou trois rencontres de quelques heures), il est inconcevable de réaliser un travail d'ordre psychothérapique, qui suppose la notion d'évolution dans le temps des individus, rendue possible par leur demande et leur motivation. Lors d'une expertise judiciaire, le plus souvent demandée par un juge, les personnes examinées ne sont pas prêtes, tant s'en faut, à une telle démarche de reconstruction. L'un s'estime injustement accusé et confond manifestement l'expertise et l'audience chez le magistrat, ne pensant qu'à apporter la « preuve » de son innocence, sans véritable tentative d'introspection ou d'autocritique. L'autre a parfois souhaité et sollicité cette expertise, souvent pour tenter de démontrer la pathologie ou l'incompétence de son ex-conjoint. Comme le précise le psychiatre Y. Lormeau[1], ce parent affirme généralement :

— qu'il connaît les raisons des difficultés présentées par son enfant : ce sont les rencontres avec l'autre parent ;

— qu'il connaît la solution à ces problèmes : c'est que l'enfant reste auprès de lui ;

— qu'enfin il connaît le moyen de prévenir la récidive des troubles : c'est que tout contact soit rompu entre l'enfant et l'autre parent.

Dans les rares cas où sa présence est requise, cette personne se dérobe à l'expertise, de façon soit active, par un refus pur et simple, soit passive, par des stratagèmes d'évitement. Elle prétend alors ne pas pouvoir accepter les horaires proposés dans la convocation, ou encore fait attester par le médecin de famille que l'état de santé de l'enfant n'est pas compatible avec cette confrontation. De telles dérobades sont peu crédibles. Néanmoins elles sont souvent interprétables. Le désir de protection invoqué est peut-être moins puissant que le désir d'éloigner l'autre. La peur qu'une attitude de l'enfant (trop confiante ou affectueuse) ne vienne démentir les accusations portées contre le parent mis en cause peut également jouer.

Accepter de telles carences, c'est se priver d'informations essentielles, qui ne peuvent être recueillies qu'en observant l'enfant en présence de ses deux parents. C'est encore alimenter le sentiment de toute-puissance de celui qui compromet ainsi le bon déroulement de l'expertise. On n'ose imaginer ce que peut devenir un droit de visite, lorsqu'un parent a mis un tel

1. L'expertise médicopsychologique en matière de divorce, in *Actes du premier congrès international de psychiatrie et psychologie légales*, Expansion scientifique française, p. 334.

acharnement à éviter une rencontre de quelques heures entre son ex-conjoint et leur enfant, fût-ce dans le cabinet de l'expert...

Et que dire de ces enfants mutiques, excédés à l'idée d'avoir encore à raconter les « faits », contraints de devoir choisir entre l'accusation de l'un des parents... ou la trahison de l'autre [1] ?

Le contexte

Les pères mis en cause dans ces affaires ont souvent le profil du « nouveau père ». Qu'ils aient été ou non à l'origine de la demande de divorce, ils supportent mal de se retrouver brusquement privés de leur enfant.

La « résidence habituelle » des petits étant généralement confiée aux mères, ils souffrent de la distance qui leur est imposée.

Ils s'estiment injustement privés (sevrés ?) du contact avec leur enfant, celui dont ils doivent désormais se contenter étant jugé parcimonieux, insuffisant pour espérer préserver la richesse d'un lien si patiemment élaboré. Désireux de s'investir, les pères ne veulent pas de droits limités à la portion congrue. Cette demande de « parité », véritable démarche féministe en miroir, s'appuie sur des faits tangibles : les pères se disent prêts à adapter leur emploi du temps aux exigences de l'enfant ; ils s'estiment compétents, se veulent disponibles, ne voient pas d'explication valable à une telle dissymétrie, et sont déterminés à y mettre un terme.

Si dans certains divorces les parents savent rester attentifs à l'équilibre psychologique de l'enfant, et

1. Nous reviendrons, à ce sujet, sur l'intérêt de la loi du 17 juin 1998, relative aux conditions d'audition des mineurs victimes d'agressions sexuelles.

refusent à tout moment de faire de celui-ci un enjeu, ici, à l'opposé, des parents se disputent littéralement l'enfant, comme pour se l'approprier et exercer sur lui une sorte de monopole affectif, « effacer » en quelque sorte le conjoint devenu indésirable. Chacun dénigre ou renie les qualités de l'autre ; ses traits de caractère deviennent insupportables, *haïssables*, ses méthodes éducatives apparaissent inadaptées, contraires aux stratégies adoptées par le parent en charge de l'enfant, et donc opposées à son intérêt.

Les hommes impliqués ont aussi en commun une certaine vulnérabilité. Celle-ci peut tenir à des traits de personnalité (immaturité affective, passivité, dépendance), à des pathologies (dépression, alcoolisme) ou à un contexte environnemental défavorable (expatriation, solitude, absence d'entourage familial soutenant).

Mais d'autres peuvent être des maris violents, alcooliques, ou encore des pères absents, peu responsables, ayant du mal à assumer une nécessaire autorité. Le couple a vécu, avant la séparation, l'escalade des griefs, et l'époux, parfois, aurait pu en anticiper l'issue. Comme l'écrit Hubert Van Gijseghem, l'un des spécialistes mondiaux dans ce domaine[1] :

Le père sait habituellement qu'une allégation peut surgir [...] Anticipant les choses (il lit, lui aussi, les journaux), il évite scrupuleusement toute ambiguïté dans les

1. In *L'Enfant mis à nu*, Éd. Méridien, 1992. Nous citerons plusieurs fois H. Van Gijseghem, parce que les travaux de son groupe, très engagé dans la recherche sur le témoignage de l'enfant, et sa propre expérience d'expert le conduisent à des conclusions très mesurées. Il n'exclut jamais, même dans le contexte du divorce, que l'allégation d'abus sexuels puisse reposer sur une dramatique réalité.

pratiques normales entourant l'hygiène de l'enfant ou dans les expressions affectives. Mais, par cette attitude défensive, il ne fait qu'attirer l'attention de l'entourage sur le sujet déjà tabou. Finalement, lorsque l'allégation survient, le père n'est pas surpris, ce qui, aux yeux du représentant de l'appareil social, constitue une preuve. S'il nie, le déni lui-même sera considéré comme une preuve de plus.

Le même auteur a également décrit les caractéristiques communes à la plupart des femmes auteurs de fausses allégations. Dans un contexte d'éclatement de la cellule familiale, l'équilibre psychoaffectif d'une mère est souvent fragilisé. Pleine de ressentiment envers le père de l'enfant (plus encore si elle est « quittée » ou trompée), elle est suggestible, a parfois des difficultés à démêler le vrai du faux, est sujette à des tendances interprétatives : le discours ou les attitudes de l'enfant faisant ouvertement référence à la sensualité, voire à la sexualité, deviennent alors pour elle autant de signaux inquiétants et troublants. Elle développe progressivement une hypervigilance, une sollicitude anxieuse vis-à-vis de son enfant, qu'elle veut sincèrement « protéger ».

Elle entretient fréquemment une relation très étroite avec sa propre mère, qui confirmera bien volontiers ses soupçons, et deviendra parfois un élément moteur de la procédure (les avocats le savent, dont la rémunération est fréquemment prise en charge par une grand-mère maternelle).

Pour Van Gijseghem, une telle mère n'est le plus souvent « ni manipulatrice ni consciemment vengeresse ». Il juge excessivement sévères les travaux d'un autre psychiatre, Green, qui accuse les femmes coupables de fausses allégations de se livrer à une sorte de lavage de cerveau, et de s'engager avec leur enfant dans une « folie à deux »[1].

Force est pourtant de reconnaître que certaines de ces mères présentent parfois d'authentiques pathologies mentales, à tout le moins des troubles graves de la personnalité, structurée sur un mode hystérique ou paranoïaque. C'est d'ailleurs selon nous cette dimension qui différencierait le mieux les mères auteurs de fausses allégations de celles qui formulent des accusations mensongères.

Dans les cas de mauvaise foi patente, en effet, l'épouse présente volontiers des traits de caractère de type « psychorigide ». Dominatrice et autoritaire, parfois procédurière, elle se montre méfiante, susceptible, rancunière, et n'accepte pas facilement de se remettre en question. Sa haine des hommes, souvent flagrante, se traduit alors par une sorte de despotisme, de « tyrannie domestique ». « Nous sommes un couple inversé », disait Patrick (lire p. 140).

Les doutes

Pour celui des parents chez qui est fixée « la résidence habituelle de l'enfant » (la mère le plus souvent), le droit de visite et d'hébergement accordé à l'autre peut devenir intolérable. On commence par émettre des doutes de façon plus ou moins insidieuse, sur sa compétence et sa fiabilité. Les griefs sont d'ailleurs parfois justifiés : on remarque, par exemple, que l'enfant rentre

1. A. Green, *True and False Allegations of Sexual Abuse in Child Custody Disputes, in* Journal of the American Academy of Child Psychiatry, 25, 1986, p. 449-456.

fatigué du week-end passé chez son père ; manifestement, celui-ci n'a pas su respecter ses horaires de sommeil ou encore imposer la sieste indispensable à son équilibre. L'enfant n'a pas été baigné, le cahier d'écolier n'a pas été ouvert. Le père a emmené l'enfant dîner avec lui chez des amis : il ne l'a mis au lit qu'au milieu de la nuit. On s'interroge même sur la dose d'alcool que le père aurait absorbée avant de prendre le chemin du retour…

En fait, une évolution s'opère insidieusement : des « écarts » autrefois tolérés sont devenus insupportables. Le moindre incident, même inévitable (la chute de vélo, le retour de week-end avec une plaie, un pansement, voire un simple mal de ventre…), est perçu comme une faute, et comme la démonstration de l'incapacité à veiller à la sécurité de l'enfant. Semaine après semaine, mois après mois, l'intuition se confirme, puis l'évidence éclate : l'équilibre de l'enfant nécessite qu'il « conserve pour l'instant ses repères » (comme a accepté de l'attester le médecin de famille) et que l'on espace les séjours chez le père, d'autant que l'institutrice a elle aussi remarqué les perturbations que ces séjours ne manquaient pas d'entraîner.

Il va de soi que, à ce stade, un simple avis psychologique pourrait suffire, grâce à un éclairage plus neutre, à offrir des hypothèses alternatives et à comprendre qu'une partie au moins des difficultés observées chez l'enfant sont imputables à la situation de séparation elle-même. Mais toute remise en cause risque d'entraîner un sentiment de culpabilité, notamment si c'est la mère qui a souhaité le divorce : il est psychologiquement « préférable » d'attribuer à l'autre la responsabilité de ces changements.

La « révélation » ou le « parricide par le conjoint »

Le scénario typique a été parfaitement décrit par Hubert Van Gijseghem.

Un jour, alors que la fillette revient de chez son père, sa mère remarque, en lui donnant son bain, une rougeur suspecte. Il peut s'agir d'une simple vulvite (inflammation des organes génitaux externes), affection d'une banalité extrême chez une petite fille. Mais dans l'esprit de la mère, sincèrement inquiète, naît un doute affreux. Si le désarroi grandit, elle en parle alors à sa propre mère, qui suggère de questionner la fillette... ou s'en charge elle-même. N'ayant pas été formée à interroger un enfant sans induire ses réponses, l'adulte exprime ses craintes par un interrogatoire direct et maladroit, posant des questions pour la plupart « fermées », c'est-à-dire appelant une réponse par « oui » ou « non », et donc hautement suggestives. Elle demande par exemple : « Ton zouzou est rouge... est-ce que papa t'a touchée ? », « Est-ce qu'il t'a fait mal ? », « As-tu pris ton bain toute seule ? », etc. La fillette perçoit l'anxiété de sa mère, et lui répond d'une manière qui semble la satisfaire : elle ressent confusément un tel sentiment de pouvoir, une telle conscience de sa propre importance, qu'il s'établit ensuite une sorte de jeu.

Le piège est alors près de se refermer. Peu à peu, l'enfant, par nature suggestible, faisant mal la distinction entre la réalité et l'imaginaire, va construire son discours – sans bien entendu en comprendre la signification – dans le sens inconsciemment souhaité par sa mère.

Dès le lendemain, la fillette est amenée chez le pédiatre ou le médecin de famille. La mère expose avec gêne ses soupçons ; son désarroi est tel que le médecin s'inquiète aussi, et atteste l'existence d'une vulvite et sa *compatibilité* avec une agression sexuelle. La peur s'empare de chacun (mère, grand-mère maternelle, médecin), affectant la lucidité et influençant les comportements. Paradoxalement, on remarque que, même *de bonne foi*, la mère souvent ne cherche pas à ce que ses craintes soient levées, mais souhaite au contraire les voir confirmer. Le médecin fournit des certificats, à partir desquels seront prises les premières mesures de protection : en général, et selon la nature des éléments figurant dans le dossier, la suspension des droits de visite et d'hébergement du père, parfois dans les vingt-quatre heures suivant le dépôt de la plainte.

Comme le dit Hubert Van Gijseghem, « la suite est une histoire connue : des années d'enfer pour toutes les parties impliquées ».

Le non-respect du droit de visite

Le ton monte alors rapidement. La douleur, le sentiment d'impuissance et d'humiliation, la rancœur sont attisés et confinent parfois à la haine. À ce stade, l'escalade dans la procédure est inévitable. Même lorsque la justice définit un droit de visite restreint, la mère peut encore s'acharner à refuser tout contact entre l'enfant et son père : elle se rend alors coupable d'un délit prévu et sanctionné par le code pénal : la non-représentation d'enfant [1].

1. Non-représentation signifie le non-respect du droit de visite avec dissimulation de l'enfant, article 357 du code pénal.

Cette interruption de la relation entre l'enfant et l'un de ses deux parents, outre son caractère évidemment traumatisant, semble alors corroborer l'accusation. Socialement, mais aussi aux yeux de son enfant, le parent « provisoirement » éloigné sera perçu comme malfaisant sinon abuseur, d'autant que celui qui reste en charge de l'enfant ne prend en général aucune précaution (c'est le moins que l'on puisse dire) pour préserver l'image de l'autre.

En outre, cette situation peut s'installer pour des années, du fait de la longueur des procédures et des inévitables appels qui suivront le non-lieu ou la relaxe.

Il est facile de concevoir que, au terme d'un éloignement aussi durable, la relation avec un très jeune enfant, persuadé d'avoir été violenté ou abusé par l'un de ses parents, sera irrémédiablement endommagée.

L'enfant déchiré

Parmi les cas auxquels nous avons été confrontés, celui de la petite Clara illustre, hélas, ce type de situation.

Ici, tous les éléments se sont trouvés réunis : une petite fille de quatre ans ; une séparation passionnelle ; de multiples non-représentations d'enfant ; une allégation d'abus sexuels.

Un vendredi sur deux, Antoine attend sa fille devant la maternelle. Le juge aux affaires familiales en charge du divorce a courageusement maintenu son droit de visite et d'hébergement devant l'absence de faits tangibles en faveur de l'allégation. Le père observe, avec douleur, la joie des parents, la gaieté des enfants, les visages familiers des camarades de sa fille. Mais celle-ci n'est pas parmi eux : elle est absente un vendredi sur deux. Avec une remarquable constance, Clara est sujette ce jour-là à de mauvais rhumes.

L'instituteur, embarrassé et compatissant, vient régulièrement vers Antoine, pour lui remettre un certificat médical, mais aussi pour lui dire à quel point il espère et il est sûr que la situation va rapidement se normaliser.

Un jour, Antoine a une idée, qu'il croit être une parade. À sa femme qui lui téléphone régulièrement le jeudi précédant son droit de visite, il fait répondre par sa secrétaire qu'il est en déplacement à l'étranger et qu'il sera de retour le vendredi soir. La mère ne se méfie pas et laisse sa fille se rendre à l'école. Lorsque la cloche sonne, Clara est stupéfaite de découvrir ses deux parents. Spontanément, elle se dirige vers Antoine, qu'elle n'a pas vu depuis longtemps, mais sa mère se précipite, et bientôt père et mère s'arrachent littéralement l'enfant en larmes. Autour d'eux, des regards étonnés et désapprobateurs suivent la scène. La plupart des autres parents connaissent les soupçons qui pèsent sur le père et celui-ci, honteux, abandonne rapidement. Alors, dans un sanglot, Clara a ce geste inattendu et désespéré. Elle tend son « doudou » à son père : « Tiens, papa, garde-le ! »

Essayons d'interpréter cette scène.

Que faisait donc la maman de Clara en l'arrachant aux bras de son papa ? Sans doute croyait-elle vouloir la protéger : comment aurait-elle pu confier leur fille à un père incestueux ? Mais on peut se demander si elle n'était animée que par un désir de protection, ou si sa haine de l'autre et le désir qu'il disparaisse définitivement de sa vie... et de celle de sa fille n'ont pas tout autant joué. Il est difficile de ne pas voir là une volonté de fusion avec sa fille. Mais on ne peut impunément mettre en actes un tel désir. La tentative d'éradication du père l'empêche de jouer son rôle naturel de séparateur entre la mère et l'enfant. Un rôle pourtant indispensable. Les psychiatres et les anthropologues ont montré que la proximité biologique et affective entre une mère et son enfant, construite dès le stade de la grossesse, doit un jour se remodeler : cette nécessaire séparation est rendue possible par le visage du père, venant s'interposer entre celui de la mère et les étrangers.

C'est également ainsi que les psychanalystes envisagent le rôle du père s'opposant au « désir naturellement incestueux » de la mère et de l'enfant, décrit par le pédiatre Aldo Naouri[1]. Celui-ci entend par « propension incestueuse naturelle de la mère » la tendance à instaurer une relation fondée sur une proximité excessive :

[...] à l'enfant-roi, une mère-reine, les désirs de l'un sombrant dans les désirs de l'autre, et vice versa, *dans une confusion hautement dommageable, pour les deux d'ailleurs. [...] L'enfant occupe la vie de la mère [...] qui n'aura plus d'autre horizon que lui [...], le voulant de toutes ses forces à son image. [...] De telles mères sont légion, et elles peuvent aller très loin, sans pour autant se retrouver au banc des accusés. [...] Elles refusent métaphoriquement à leur enfant la possibilité de sortir d'elles.*

L'éthologie a clairement montré, par de nombreuses études chez des primates, que les effets de cette séparation nécessaire entre une mère et son petit sont différents, selon le sexe de l'enfant, mais aussi selon l'âge auquel elle se produit. Néfaste quand elle est précoce, elle devient bénéfique à la puberté. Lorsqu'elle n'a pas lieu, le jeune singe continue à se comporter de façon infantile, et cesse de se développer : c'est la paix de la

1. A. Naouri, B. Cyrulnik, F. Héritier, *De l'inceste*, Odile Jacob, 1994.

cellule familiale mais aussi la perpétuation de l'espèce qui se trouvent ainsi menacées.

Chez les humains, on connaît trop en psychiatrie la toxicité des relations symbiotiques ou fusionnelles, invoquée dans la genèse de plusieurs maladies mentales.

Mais revenons à Clara. Que représente un « doudou » pour un aussi jeune enfant ? Ni plus ni moins qu'un « pont » avec sa mère, dont il assure la présence permanente... et symbolique. L'attachement fétichiste à un objet ou à une poupée est ainsi nécessaire à certaines étapes du développement. L'enfant se couche avec son fétiche imprégné de l'odeur rassurante de sa mère. Il le pétrit, le hume avec un plaisir évident pour s'endormir. Au stade suivant, comme l'a décrit Anna Freud[1], l'objet surinvesti est emporté hors de la maison et devient le compagnon indispensable des activités diurnes, permettant de se consoler en cas de gros chagrin, de chute, ou encore de faire une sieste dans un endroit non familier. L'« objet transitionnel » défini par Donald W. Winnicott est tout simplement irremplaçable. Il suffit pour le comprendre d'observer l'embarras des puéricultrices en cas d'oubli : l'endormissement devient alors pratiquement impossible.

Que voulait donc dire Clara en donnant son doudou à son père ? C'est d'une partie d'elle-même, d'une prolongation naturelle de son propre corps, qu'elle se privait ainsi, par une sorte d'automutilation consentie. Par ce geste, elle désignait son père comme « bon parent » et lui permettait de jouer son rôle naturel de séparateur...

1. Psychanalyste d'enfants, fille du psychanalyste viennois.

Du médecin de famille à l'expert psychiatre

> *Rien n'est plus dangereux qu'une idée, quand on n'a qu'une idée.*
>
> ALAIN.

On l'a vu, c'est souvent auprès du médecin de famille ou du pédiatre que s'exprime la première inquiétude relative à une agression sexuelle. À l'issue de la consultation, celui-ci va rédiger, soit spontanément, soit à la demande, un certificat médical. La loi l'oblige par ailleurs à signaler au procureur de la République tout élément en rapport avec une agression sexuelle sur mineur : les sévices sexuels sont l'un des rares cas de dérogation au secret professionnel[1].

Cependant, il n'est pas certain que le médecin qui produit un certificat médical soit toujours informé de son utilisation, et puisse anticiper l'ampleur de ses conséquences. Tenu d'agir dans l'urgence en cas de sévices sur enfant (maltraitances, incestes, viols, attentats à la pudeur, etc.), il doit aussi « faire preuve de prudence et de circonspection, car il ne dispose pas toujours de certitudes, mais seulement de présomptions, et son action pourrait porter préjudice aux victimes » (art. 44 du code de déontologie). L'article 76 fait d'ailleurs une mention particulière des certificats produits dans le contexte d'une procédure de divorce :

1. Commentaires du code de déontologie médicale, annexe de l'article 4, conseil national de l'ordre des médecins, édition 1998.

Le médecin doit se garder d'attribuer au conflit familial ou conjugal la responsabilité des troubles constatés, physiques ou psychologiques.

Il ne doit pas non plus se prononcer sur le droit de garde ou de visite des enfants qui relève de l'appréciation exclusive du juge.

C'est ainsi qu'un médecin ne devrait jamais écrire :

Je soussigné certifie que l'enfant Y ne devrait plus se rendre chez son père (ou sa mère) en raison des troubles psychiques qu'il présente lorsqu'il en revient.

Même s'il n'est pas missionné par la justice, le médecin devient un acteur du processus judiciaire dès lors que son certificat est utilisé pour déclencher une action en ce sens. Le conseil de l'ordre des médecins a une pleine conscience de la gravité extrême de certaines erreurs ou imprudences, qu'il qualifie parfois de fautes. Des praticiens ont récemment fait l'objet de blâmes et de sanctions sévères, allant jusqu'à la suspension pure et simple du droit d'exercer.

Dans quelques cas relatés dans cet ouvrage, les certificats initiaux ont été rédigés d'une façon telle qu'ils ont joué un rôle déterminant. Il ne nous appartient pas de dire si leur rédacteur a manqué de prudence ou si le dogmatisme l'a aveuglé, mais, pour illustrer notre propos, nous reproduisons un exemple de certificat qui semble transcrire de façon littérale et sans recul les allégations d'une mère ou les dires d'un enfant :

Je soussigné, docteur X, atteste avoir reçu ce jour en consultation le jeune M, demeurant ..., accompagné par sa mère. Celle-ci m'a dit que M est à nouveau très difficile, il fait des cauchemars, il est irritable et fait des fugues depuis qu'il a entendu que son père allait exercer ses droits de visite.

J'ai revu M le ..., et il m'a dit que, lors du dernier week-end passé chez son père, son papa avait beaucoup bu ; il avait touché le « zizi » de M et la « zézette » de sa sœur avec ses doigts et sa bouche. Il lui avait donné beaucoup de coups de poing sur le bas du ventre, les bras et les jambes. M m'a aussi dit que son père lui a interdit d'en parler en le menaçant de recommencer s'il le disait à sa mère.

Certificat remis à la mère de l'intéressé pour faire valoir ce que de droit.

Dans un autre certificat, le même médecin écrivait :

M m'a dit que son père lui avait touché le zizi et avait effectué une pénétration anale lors de la dernière visite qu'il lui a faite. Il a précisé qu'il n'avait pas pu en parler car il avait peur de se faire punir.

Bien évidemment, un enfant de cinq ans n'a pas pu parler de « pénétration anale ». Un tel vocabulaire eût d'ailleurs été hautement évocateur d'un discours induit, pour ne pas dire appris. Le médecin atteste donc, selon toute vraisemblance, des propos que l'enfant n'a pas directement tenus. C'est son interprétation, sa projection, qui nourrit l'attestation, rédigée sans la plus élémentaire prudence.

Un autre médecin :

Je soussigné, docteur Y, atteste avoir examiné la jeune A, huit ans, demeurant ... Cette enfant amenée en consultation parce qu'elle refuse de se laver et de s'habiller très fréquemment depuis l'âge de trois ans présente un état de sidération traumatique. Par bribes, avec un regard de terreur, elle dit que son père lui a embrassé sa « zézette » et lui a mis un doigt dans l'anus. Elle explique qu'elle ne peut pas parler car il a menacé de l'étrangler. Les troubles psychopathologiques qu'elle présente sont en relation avec les agressions qu'elle dit avoir subies.

Ici, le médecin se prononce et érige sa croyance en vérité scientifique. Il affirme l'imputabilité, c'est-à-dire la relation directe et certaine entre les troubles constatés et l'agression présumée, même si une précaution oratoire (« qu'elle dit avoir subies ») vient, un peu tard, pondérer le propos.

Précisons que, dans les deux cas, le père des enfants examinés a été relaxé, en première instance et en appel. Mais l'extrême gravité des faits allégués a entraîné des mesures draconiennes de séparation, bien au-delà de la durée de l'instruction.

Le principal problème posé par ce type de certificats est leur absence d'objectivité. La description d'un symptôme est étroitement dépendante de la sensibilité, de la formation et des... convictions du médecin qui l'observe. Ainsi, un pédopsychiatre mentionnait comme preuves d'un abus sexuel des symptômes tels que des changements de comportement ou des cauchemars, ou, dans le cas d'un enfant de moins de deux ans, « des signes d'anxiété quand on le change, des manifestations psychosomatiques, comme des eczémas, de l'asthme, des comportements autoérotiques (masturbations) ostentatoires ».

Ces affirmations sont d'autant plus choquantes que les comportements autoérotiques sont d'une banalité extrême chez le tout-petit et l'apprentissage de la pudeur bien plus tardif. Mais, surtout, un enfant perturbé par le divorce de ses parents est susceptible de présenter l'ensemble des manifestations psychosomatiques énumérées par ce psychiatre sans pour autant avoir subi une quelconque agression sexuelle.

Encore une fois, nous sommes dans une pathologie où il existe rarement des preuves, et où les symptômes observés sont dépourvus de toute spécificité : la plus grande prudence est toujours de rigueur.

Missionné par un juge, l'expert n'a pour sa part aucun rôle thérapeutique dans le cadre de sa mission. Il doit essentiellement faire part de ses constatations mais également de ses conclusions.

L'interprétation de ce qu'il voit en consultation est expressément requise. Il arrive que les personnes reçues en expertise livrent quelques clés, des bribes qui permettent de reconstituer une histoire familiale. Ces éléments peuvent éclairer sur le vrai motif de la dénonciation (« il l'a bien cherché ») comme sur les origines inconscientes d'une interprétation erronée (antécédent familial ou personnel de viol ou d'abus sexuel).

L'expertise peut aider le juge à prendre sa décision : il est donc du devoir de l'expert de se prononcer clairement et de répondre sans ambages aux questions qui lui sont posées.

Parfois, cependant, le poids de la responsabilité est tel que la nécessaire prudence peut devenir excessive : la multiplication des précautions oratoires, la surabondance d'hypothèses nuancées ou de propositions contradictoires aboutissent… à une contre-expertise.

À une analyse démontant finement les mécanismes d'une fausse allégation succèdent parfois des conclusions discordantes par leur frilosité ou leur conformisme (lire à ce sujet l'histoire de Sacha et Marie-Pierre, p. 69).

Dans d'autres cas, un présupposé empêche l'expert de faire preuve de neutralité et l'amène à prendre position avec davantage de conviction que de professionnalisme. Ainsi, dans une affaire d'agression sexuelle, j'avais eu à examiner un père, abuseur présumé de son fils âgé de huit ans. Un confrère pédopsychiatre, ayant examiné l'enfant, n'avait pas craint de déceler une « forte connotation sexuelle » dans le dessin de la tête de Mickey Mouse : en effet, retournant le dessin, ce confrère pouvait alors observer que les oreilles de Mickey représentaient probablement des testicules, et que son nez était à coup sûr un phallus.

De là à conclure à la probabilité d'une agression sexuelle, il n'y avait qu'un pas, allègrement franchi par ce médecin.

Face à de telles affaires, prudence et modestie sont, pour les médecins traitants comme pour les experts judiciaires, des qualités indispensables. Pour être thérapeutes, ils n'en sont pas moins hommes – ou femmes –, et chacun court ici le risque de mêler principes moraux, convictions personnelles et pratique médicale. Ce fut jadis le cas des affaires d'avortement, c'est aujourd'hui celui des allégations d'abus sexuels. Si tout praticien doit rester libre de ses convictions, celles-ci ne devraient pas en pratique influencer son jugement dans des affaires de ce type. Nul n'est infaillible, et celui qui pense l'être devient dangereux. Médecins et experts judiciaires n'échappent pas à la règle. Ils en sont bien conscients et font le plus souvent preuve de prudence et de circonspection. Même parvenu à un certain niveau d'expérience, un médecin devrait en effet se montrer à tout moment capable d'autocritique et de remise en cause de ses certitudes ou de la sûreté de son diagnostic.

Cela ne pourrait-il pas constituer les principes élémentaires d'une règle morale professionnelle ?

Ces gens-là…

Une grand-mère qui accuse son gendre.
Une fille qui attaque sa mère.
Un couple solidaire.

Dans la semaine du 15 au 21 avril 1999, *L'Express* publiait une enquête intitulée : « Divorce : l'arme du soupçon d'inceste. »

Le courrier des lecteurs publié en réaction à ce dossier frappe par sa véhémence et par l'unanimité des réactions indignées : « tout est fait pour nier la parole de l'enfant » (cet article) « condamne ces enfants, leur parole étant mise en doute ».

Une lettre se détachait toutefois radicalement de ce consensus. Elle est suffisamment frappante pour que nous la reproduisions ici :

Mon mari est lui-même victime d'une accusation d'inceste organisée sournoisement et contre ma volonté par ma propre mère. Après deux ans d'un imbroglio judiciaire, nous avons pu récupérer notre fille, qui nous avait été soustraite par ma famille. Mais la justice s'acharne sur mon mari.

Lettre remarquable à plus d'un titre : la personne qui proteste est une femme – la propre mère de l'enfant – ; cette affaire touche un couple uni, et non en instance de divorce – c'est probablement cette cohésion qui leur a permis de « récupérer » la fillette. Autre spécificité de cette histoire, la dénonciation provient de la grand-mère maternelle, aujourd'hui attaquée par sa propre fille pour dénonciation calomnieuse.

Voici donc l'histoire de Caroline, la petite fille de Jacques et de Michelle.

Des pique-assiette mondains

Certains éléments de cette affaire ont fait l'objet d'articles de presse, en raison du mode de vie « original » – pour ne pas dire plus – des parents... Cette marginalité n'est pas sans lien avec les mobiles qui ont animé la principale accusatrice du couple, et a probablement influencé l'appareil administratif, policier et judiciaire.

Côtoyer les célébrités, assiéger les buffets, papoter et exhiber leurs tenues BCBG occupent Jacques et Michelle de façon quasi professionnelle, plusieurs soirs par semaine : rien ne les amuse autant que de s'introduire de façon illicite dans les réceptions privées, événements mondains à accès réservé, manifestations très fermées et autres raouts festivaliers.

Circonstance aggravante, Jacques ne travaille pas. À quarante ans, pensionné de la Sécurité sociale, il passe ses journées dans les clubs de sport en vogue où il entretient son look.

Pour assurer le quotidien, Michelle et lui vivent de sa maigre pension (2 500 F par mois), dans un appartement prêté par la mère de Michelle.

Ce mode de vie extravagant a provoqué dès le début de leur rencontre l'irritation de la mère de Michelle, mamie Thérèse. Irritation qui a vite tourné en haine obsessionnelle : un an seulement après la naissance de l'enfant, elle multiplie les signalements et suggère les interventions successives et parfois conjointes de plusieurs personnes de leur entourage (autres membres de la famille maternelle, personnels d'organismes sociaux, autorités administratives, etc.). Cette avalanche de démarches réussit à convaincre la justice du danger dans lequel se trouve Caroline. Les procédures se multiplient, qui trouvent leur paroxysme dans l'accusation (anonyme) d'agressions sexuelles et même de viol commis par Jacques sur sa fille.

Dans un bureau de la brigade des mineurs[1]

— Alors, Caroline, comment vas-tu... ? Raconte-moi ce que tu fais à la maison : tu joues avec tes frères et sœurs ?

— À la maison, je vis avec papa et maman, mais, tu sais, je n'ai pas de frère et pas de sœur. Il n'y a pas de place pour qu'ils dorment.

— Et toi, tu dors où ?

— Je dors dans une chambre avec maman. J'ai un lit, et maman, elle dort avec papa, dans le même lit.

1. Les termes de ce récit sont strictement ceux qui ont été employés par la fillette et consignés dans le rapport d'audition de la brigade des mineurs.

La petite fille est sagement assise sur la chaise ; elle se trémousse de temps en temps. Sa frimousse est sereine mais on la sent attentive, soucieuse de bien répondre aux questions du monsieur qui se tient devant elle, bienveillant, nonchalamment assis sur le bord de son bureau. Elle n'est pas inquiète, mamie Thérèse est là, à côté du monsieur... Il y a aussi une dame qui tape à la machine. « Elle écrit tout ce que je dis, c'est très important », pense-t-elle dans sa tête d'enfant de quatre ans. D'ailleurs, sa grand-mère le lui a bien expliqué : il faut « tout » raconter.

— Tiens, choisis un bonbon... Tu manges beaucoup de bonbons ? Qu'est-ce que tu préfères manger à la maison ? Tu as faim parfois ?

— À la maison, je mange tout ce que je veux... mais je n'ai pas faim.

Elle change de sujet :

— J'ai mis mes cassettes vidéo chez papy André, j'ai trois cassettes de Tintin. Parfois la machine est en panne...

— Ce n'est pas la faute de papy André, il est gentil, papy André... et ton papa et ta maman ?

— Papa et maman sont gentils... Papa me donne des fessées parce que je suis méchante : je renverse le café, dit-elle en esquissant une mimique mi-amusée, mi-navrée.

— Il te donne des fessées ?

— Des fois, il me donne la fessée avec une ceinture.

Elle ajoute avec véhémence :

— Il enlève ma culotte et mon pantalon, et il frappe sur la peau. Il fait mal. Il le fait souvent. Il n'est pas gentil.

— Il n'est pas gentil, ton papa ? Moi je suis sûr

pourtant qu'il s'occupe de toi ! Il te fait manger, il t'aide à t'habiller, non ? Il fait ta toilette...

« J'aime pas quand il me lave là »

— Oui, papa me donne le bain ou la douche ; c'est lui qui me lave toujours...

— Comment appelles-tu ce qu'il y a là ?

— C'est le pipi ; je fais pipi par là. J'aime pas quand il me lave là.

Caroline est maintenant plus tendue, elle fronce les sourcils : beaucoup de grandes personnes lui parlent de « ça » depuis quelque temps : ce doit être important... Mamie Thérèse lui a posé des tas de questions là-dessus. À la garderie aussi, avec ses petites amies, elles en parlent quelquefois, mais là, ça les fait rire. Le monsieur est plus intéressé par la toilette, lui...

— Ah bon... Comment il fait quand il te lave là ?

— Il me lave là avec la douche, pas avec la main.

— Mais lui aussi, il se lave là. Tu as vu ton papa quand il se lave ?

— Oui, j'ai déjà vu mon papa tout nu ; c'est quand il va à la douche ; il n'y va pas avec les habits.

— Comment appelles-tu ce que ton papa a là ?

— C'est le pipi ou le tuyau.

— Est-ce que papa t'a déjà fait voir son tuyau ?

— Non.

Elle ajoute :

— Un jour, papa il a mis son tuyau dans ma bouche, comme ça. (L'enfant ouvre grande sa bouche et, avec son doigt, désigne le fond de sa gorge.) Et ça m'a fait un trou au fond du ventre. Moi, je préfère rester avec toi que de retourner avec papa, affirme-t-elle à mamie Thérèse qui la regarde intensément, suspendue à ses paroles.

— Est-ce que papa a mis son tuyau ailleurs que dans ta bouche ?

— Oui, il a rentré son tuyau dans mon pipi. Beaucoup de fois… des fois deux, des fois trois, des fois deux, des fois trois.

L'enfant répète compulsivement cette phrase, comme une comptine.

— Il l'a aussi rentré dans mon caca ; ça m'a fait mal et j'ai crié : « Maman, maman. » Mais elle n'était pas là. Puis, elle a entendu et elle a dit : « Mais c'est un petit bébé… » Non, je ne suis pas un petit bébé.

— Est-ce que papa joue des fois avec des crayons ?

— Oui, il me les met dans le derrière.

La petite fille est de plus en plus agitée. On la sent au bord d'une grosse crise de larmes. À la fois implorante et interrogative, elle regarde mamie Thérèse, puis, sautant de sa chaise, elle vient lui enserrer les jambes, enfouissant la tête dans sa robe. Caroline est à bout de forces. Et l'on détient désormais plus qu'un récit d'enfant : des faits qui semblent à présent établis…

Si les faits, tels qu'ils sont rapportés dans leur crudité, ont bien eu lieu, on voit mal quel châtiment pourrait être à leur mesure : de tels actes doivent être sanctionnés de la manière la plus rigoureuse. Et la justice aurait alors été bien inspirée de prendre au plus vite des mesures garantes d'une protection absolue. Mais aucune des accusations n'a pu résister aux investigations judiciaires, médicales, psychologiques et psychiatriques. Reste la détermination de la grand-mère maternelle à exclure son gendre de l'environnement familial.

Des propos suscités par un adulte

Le temps de la procédure, Caroline a été retirée à ses parents et placée chez sa tante maternelle. L'enfant a été, à deux reprises à un an d'intervalle, examinée par une psychologue expert près la cour d'appel de Paris, qui écrit dans son premier rapport :

Caroline accompagne ses gestes de déshabillage de la poupée de commentaires divers et très pertinents sur le style des vêtements, de la coiffure, etc. Quand nous lui demandons de parler de la poupée, elle répond très spontanément que la poupée est une fille qui a raconté plein de choses qui ne sont pas vraies, à sa maman et à d'autres gens, des histoires de tuyau. Nous lui demandons si elle a un tuyau, et elle répond : « C'est les garçons qui ont un tuyau, moi je suis une fille. »

Par ailleurs, le bilan psychologique effectué chez l'enfant ne met en évidence aucune pathologie évolutive, et, surtout, aucune trace de traumatisme. Bien au contraire, son évolution psycho-affective est « harmonieuse », et on peut constater chez Caroline « une intelligence et une imagination très vives ». La psychologue semble déplorer cependant la difficulté de ses parents à assumer leur autorité, et elle considère comme souhaitable que des limites soient posées. L'analyse de la crédibilité du discours de l'enfant n'a mis en évidence aucun signe en faveur d'une fabulation ou d'une mythomanie. La psychologue évoque de façon directe l'hypothèse que les propos tenus par la fillette aient été suscités « par une certaine promiscuité familiale » et involontairement majorés et alimentés par des adultes.

Quatorze mois plus tard, la même experte revoit l'enfant et constate une aggravation de son état en dépit de l'absence de tout contact avec ses parents. Caroline, âgée de quatre ans et sept mois, vit en effet chez une sœur de sa mère, elle-même mariée et mère de famille. C'est elle qui a signalé la réapparition d'une énurésie nocturne chez la fillette, ainsi que des troubles du sommeil (insomnie à tous les modes, associant difficultés d'endormissement, cauchemars, éveil nocturne). À ce stade, l'examen est peu conclusif, l'enfant, lassée par la répétition des entretiens, a perdu sa spontanéité initiale, et semble essentiellement se préoccuper des réponses attendues par son interlocuteur. Des signes évidents de souffrance affective sont notés : la psychologue les attribue sans hésitation au choc affectif et au sentiment d'abandon vécus par la fillette, bien davantage qu'aux agressions supposées.

Portrait de mamie Thérèse en grand-mère modèle

L'enfer est, dit-on, pavé de bonnes intentions : en l'occurrence, mamie Thérèse, probable instigatrice de tout le processus, n'est pas un personnage monolithique. Sa personnalité explique le crédit qui lui a été accordé. Intelligente et cultivée, pétrie de conventions et revendiquant un titre de comtesse, ce professeur à la retraite a des raisons de s'inquiéter pour sa petite-fille : objectivement, les parents de Caroline manquent de maturité, et la futilité de leur mode de vie ne peut ni passer pour exemplaire ni constituer un cadre sécurisant permettant l'épanouissement affectif de leur fille.

Aux yeux de la grand-mère, l'oisiveté de son gendre et ses loufoqueries ne peuvent qu'alimenter inquiétude et ressentiment. Un tel personnage, probablement perçu comme raté, fainéant, sans lustre social (même si mamie Thérèse l'a affublé du titre imaginaire d'ingénieur sur les faire-part du mariage), était-il digne de partager l'existence de sa fille adulée, et d'élever sa petite-fille ? Comment peut-elle admettre d'avoir à ce point perdu son influence sur sa fille, et accepter la distance morale et affective qui les sépare désormais ? Une carte commémorant l'anniversaire de décès de sa propre mère, envoyée par mamie Thérèse à Michelle, en dit long sur son désir inconscient : la fusion avec sa fille. En voici le texte : « Vingt ans déjà ! Et je suis persuadée que tu n'as pas oublié cet anniversaire ! Affectueusement, en souvenir de celle qui n'aurait jamais imaginé que quelque chose ou quelqu'un pût jamais nous séparer. » Une conception transparente de la famille idéale : arrière-grand-mère, grand-mère, mère et fille fusionnées, identiques, imbriquées les unes dans les autres telles des poupées russes. Une famille sans hommes… une tribu d'amazones.

L'éclairage psychologique apporte ici, s'il en était besoin, la preuve de l'existence et de la puissance des motivations inconscientes dans de telles situations. Si cet abord psychodynamique ne peut qu'inciter à plus d'indulgence et de compassion, il confirme aussi à quel point il est indispensable d'inclure le dénonciateur dans le bilan familial ou l'expertise psychiatrique.

Mamie Thérèse fait connaître ses appréhensions à l'entourage social de l'enfant, étendant chaque jour un peu plus le cercle de son écoute et exploitant avec adresse tout ce qui peut l'être. Car mamie Thérèse est aussi une femme impérieuse, autoritaire et qui a, selon toute vraisemblance, un « compte à régler » avec la gent masculine. Son couple n'est pas un exemple de réussite : le mari est décrit comme inconsistant et soumis à son épouse, et il semble que depuis toujours les deux conjoints aient fait chambre à part. La propre mère de mamie Thérèse présentait également, selon sa fille, un ressentiment latent et affichait envers les hommes un mépris dominateur.

La sœur de Michelle n'a pas échappé à l'autorité maternelle : mariée et mère de famille, elle est encore subjuguée par sa mère, « inféodée à elle ». Alors que Michelle a pu, à la faveur du mariage et sans doute grâce à la fantaisie et à la marginalité de Jacques, s'exonérer de cette influence envahissante. Le choix d'un conjoint marginal peut d'ailleurs être interprété comme un choix d'opposition.

Comment mamie Thérèse a-t-elle pu manipuler des mots et des images aussi éloignés de son univers érotique ? Entre la grand-mère et la petite-fille, quelles métaphores sulfureuses, quels tâtonnements réciproques ont insidieusement permis d'élaborer ce discours délirant ? Quel jeu pervers et tragique s'est instauré entre ces deux êtres ? Et qui manipulait qui ?

Caroline : « J'y ai cru parce que ce n'était pas vrai »

On peut légitimement s'interroger, lorsqu'on a connaissance des propos tenus par Caroline devant le juge des enfants : « C'est ma mamie qui m'a dit de raconter l'histoire du tuyau de papa. Je ne sais pas pourquoi elle m'a dit de raconter l'histoire du tuyau de papa. J'y ai cru parce que ce n'était pas vrai, c'était comme une histoire. » (Il est établi que, dans l'esprit d'un enfant, l'imaginaire se fond en des proportions variables avec la réalité.) « J'y ai cru parce que ma mamie me l'a fait croire. Le mot "tuyau", c'est ma mamie qui me l'a appris. Mamie Thérèse ne voulait pas que je parle de ça à mes parents. J'ai dit à la dame noire (le juge d'instruction) que papa m'a mis son tuyau dans la bouche et mon pipi, parce que mamie m'a dit qu'il fallait répéter ce que j'avais déjà dit. »

Et le processus se met en action. Tel le phénomène de la boule de neige, le « glissement » du départ (éventuellement une simple affaire de « tuyau ») s'agglomère de ragots en rapports jusqu'à former une masse compacte qui, telle une avalanche, dévastera tout sur son passage. Le noyau originel sera d'autant plus impossible à identifier qu'il aura depuis longtemps fusionné avec la matière qui s'y est agglutinée. De plus, quand une décision de justice aussi lourde est prise, elle peut produire des effets dévastateurs qui autoalimentent les arguments en défaveur des parents mis en cause.

Lorsque l'on est sujet d'opprobre, la marginalité constitue évidemment un facteur supplémentaire de suspicion, même si, en d'autres circonstances, elle amuse les citoyens dont les mœurs et règles de vie sont plus conformes aux usages établis. On imagine en quels termes mamie Thérèse devait parler de son gendre à la directrice de la crèche, à l'assistante maternelle, aux services sociaux, etc. On peut légitimement craindre qu'elle n'ait pas pris beaucoup de précautions pour ne pas dégrader, dans l'esprit de Caroline, l'image de son père. Et tous ces intervenants, influencés par l'irréprochable grand-mère, alarmés par les perspectives de déficit éducatif de l'enfant, indisposés par ce mode de vie d'assistés de luxe et de pique-assiette mondains, étaient mûrs pour accepter l'amalgame et accabler Jacques de tous les vices, y compris ceux qu'il ne présentait pas. Chacun, en paix avec sa conscience, s'est appliqué à tisser la gangue des « preuves » de l'accusation.

Caroline, deux fois victime

Il est aisé d'imaginer le désarroi du couple sous le choc de l'accusation. Or, malgré les déclarations de la fillette devant le juge, un rapport d'enquête n'a pas craint de déconseiller la restitution de l'enfant aux parents en arguant que ceux-ci « vivant très difficilement l'information judiciaire dont le père fait l'objet (!) ne sont pas actuellement dans les meilleures conditions psychologiques et affectives pour reprendre leur enfant, dont le besoin de stabilité et d'équilibre est souligné par tous les observateurs ».

Autrement dit, les perturbations psychofamiliales provoquées par la procédure et l'investigation sont devenues, une fois le père innocenté, le principal argument en défaveur du retour de l'enfant : mais quelles étaient alors les chances que la dénonciation ne soit pas, en elle-même, désastreuse, y compris en cas de classement sans suite ? Caroline est revenue chez ses parents, elle a aujourd'hui cinq ans et demi. Elle présente une énurésie intermittente. Son père lui refuse tout câlin, de peur de donner prise à de nouveaux soupçons. Les parents ont porté plainte, avec constitution de partie civile, contre des associations de protection de l'enfance, du chef de dénonciation calomnieuse et de violences sur mineur de moins de quinze ans. Jacques a été déclaré non-coupable et relaxé par le tribunal de grande instance. Michelle a porté plainte contre sa propre mère pour dénonciation calomnieuse et mauvais traitements à enfant. Jacques et Michelle « font » les derniers cocktails avant la période des vacances.

Et Caroline ? Ah, Caroline ? Ça va… ça va, pas de problème… Elle voit son psy chaque semaine, elle aime bien y aller. Elle finira bien par oublier, allez…

Les embarras de la décision judiciaire

Un divorce qui aboutit à une accusation mensongère d'abus sexuels. Une mère qui manipule ses enfants et implique des médecins, des enseignants, des avocats. Un père qui, après avoir été innocenté, n'a pas encore revu ses enfants.

L'histoire de Marie-Pierre et Sacha a probablement joué un rôle déterminant dans la volonté de rendre publique cette réflexion, tant elle est exemplaire du nombre et de la complexité des éléments que doivent appréhender les intervenants sociaux, médicaux et judiciaires confrontés à une fausse allégation.

Elle illustre l'embarras dans lequel peuvent se trouver les juges, et la façon dont leur souci légitime de précaution peut parfois dominer leur propre conviction.

Marie-Pierre et Sacha se sont rencontrés en Russie pendant leur adolescence. Elle est française, il est russe. Pour elle, Sacha quitte son pays, sa famille, ses amis et s'installe en France. D'emblée mal accepté par ses beaux-parents, qui auraient préféré que leur fille ne se marie pas avec un étranger, Sacha réussit pourtant à s'intégrer à ce nouvel univers.

Il travaille dans l'informatique ; Marie-Pierre est secrétaire de direction. Quatre enfants naissent, mais bientôt la relation du couple se dégrade.

Marie-Pierre demande le divorce et la garde des enfants : Louise, huit ans ; Nicolas, six ans ; Thomas, cinq ans ; Camille, trois ans.

L'affaire commence avec un signalement effectué par la grand-mère maternelle auprès d'un juge des enfants, faisant état des perturbations provoquées chez les enfants par la violence de leur père. Fait important, Marie-Pierre n'a pas, à ce stade, directement exprimé de grief envers son mari.

Une enquête est ordonnée, qui conclut à des problèmes psychologiques chez Marie-Pierre, et constate l'omniprésence de la grande-mère maternelle dans la vie du couple.

Celle-ci joue en effet un rôle central dans la procédure engagée contre Sacha. C'est elle qui est à l'origine du premier signalement ; c'est elle encore qui, bientôt, réglera les honoraires des avocats et des médecins consultés par sa fille.

Marie-Pierre entame alors une procédure de divorce et reprend le discours de sa mère : son mari serait un alcoolique notoire ; il se montrerait très violent envers elle-même et les enfants. Le juge aux affaires familiales ordonne une nouvelle expertise psychologique des parents et des enfants puis limite le droit de visite du père : quatre heures tous les quinze jours, chez des personnes « neutres ». Il désigne... les grands-parents maternels ! Pendant un an, Sacha rencontre donc ses enfants dans des conditions difficiles, pour ne pas dire humiliantes.

Sacha interjette appel de cette décision. Les rapports des enquêtes se révèlent unanimement favorables au père. L'expert atteste notamment la qualité de la relation qu'il a su instaurer avec ses enfants, et son souci de les protéger. En témoignent sa volonté d'un divorce à l'amiable, d'un dialogue parental à propos des enfants, et son désir de participer à leur éducation.

Marie-Pierre accuse alors son mari d'attouchements sexuels sur leur fille aînée, mais l'expert-psychologue ne sera pas dupe de ce qu'elle qualifie sévèrement dans son rapport de « coup de théâtre », survenant au moment où elle conclut à l'absence de signes de violence pathologique chez Sacha, et constate la qualité de la relation existant avec ses enfants.

En outre, rien dans l'examen clinique, pourtant très approfondi, de Sacha n'est venu corroborer les graves affirmations de son épouse, selon lesquelles il serait un alcoolique violent gravement perturbé au niveau psychiatrique. L'expert, en revanche, a noté la « détermination » de Marie-Pierre à ce que ses enfants soient coupés de leur père. De même, elle n'a pas manqué de relever le « mépris » de Marie-Pierre pour son mari « à partir des propos haineux qu'elle a laissé échapper concernant sa fonction paternelle ». Enfin, l'expert a mis en évidence la description caricaturale que sa femme fait de Sacha « apparaissant comme un ange tout en étant un monstre ».

En dépit de la sévérité de cette analyse, l'expert estime toutefois dans ses conclusions que les enfants, suffisamment traumatisés par cette procédure, doivent continuer à vivre chez leur mère, à la condition que celle-ci bénéficie d'un suivi psychologique sérieux et d'une aide éducative.

Sacha réclame cependant la garde des enfants. Marie-Pierre proteste, et la cour ordonne une troisième expertise. Elle accorde alors au père un libre droit de visite ou, faute de mieux, l'autorisation de voir ses enfants deux dimanches après-midi par mois.

Marie-Pierre refuse de respecter ce droit de visite et cette fois porte plainte pour agressions sexuelles.

Conséquences immédiates : Sacha est mis en examen et placé sous contrôle judiciaire, après quarante-huit heures de garde à vue, avec interdiction absolue de voir ses enfants. Un juge d'instruction [1] demande alors l'expertise psychiatrique de Louise. Expertise qui conclut à un manque de crédibilité de la fillette. En voici l'essentiel :

Louise est arrivée au cabinet sans sa mère, mais accompagnée d'une avocate. Sa présence a été acceptée au début de l'entretien pour rassurer la fillette, car la mise en confiance est un préalable indispensable à ce type d'expertise.

L'expert s'efforce de « détendre l'atmosphère », évitant surtout de poser d'emblée des questions trop directes, proposant à l'enfant des jeux ou des dessins, en fonction de son âge.

Louise s'installe, mais ne tient pas en place ; elle se lève, se rassied, prend un livre, le laisse aussitôt et répond à la plupart des questions par des « Je ne sais pas », « Je ne me rappelle pas », « Je n'ai plus envie d'en parler ». Elle passera la plus grande partie de ce premier entretien par terre, sous le bureau, se concentrant sur un puzzle puis sur ses lacets de chaussures ou les yeux fixés au plafond, fuyant tout regard.

Au bout d'un moment, Louise paraît décidée à diriger elle-même le déroulement du dialogue :

« D'abord, je vais parler des choses moins graves,

---

1. Jusqu'ici, d'autres juridictions étaient concernées : juge des enfants et juge aux affaires familiales.

puis de plus en plus graves. » Elle commence par évoquer une scène de « violence » : son père aurait jeté Nicolas dans la cage d'escalier, un soir où le petit garçon pleurait. Puis elle ajoute : « Papa embêtait toujours maman, et ne lui donnait pas d'argent quand elle en avait besoin. » La fillette mêle des reproches spontanés à d'autres qui semblent empruntés au discours de sa mère.

À la question : « Pourquoi as-tu préféré venir avec ton avocate plutôt qu'avec ta maman ? », elle répond : « Je n'aime pas parler de tout ça devant elle. » Et ajoute : « Une autre maman de mon école est devenue l'amie de papa ; elle était jalouse de maman ; quand j'ai vu que ton cabinet était près de sa maison, j'ai eu peur, car si elles s'étaient rencontrées, ça aurait été galère… » Ainsi, une petite fille de huit ans aurait pensé à repérer l'adresse d'un cabinet d'expertise, à la situer sur un plan et à faire le rapprochement avec le domicile d'une éventuelle maîtresse de son père… ?

La nervosité de Louise s'accentue parfois, pas obligatoirement pendant l'évocation de scènes traumatisantes, mais quand son imagination semble très sollicitée.

Louise souhaite-t-elle évoquer des choses « très graves » ? Pour répondre à cette question, elle commence par parler de ce que son père ne lui a pas fait : « Il ne m'a pas battue, pas moi, en tout cas. »

Il lui est évidemment pénible d'évoquer les agressions sexuelles : « Je n'aime pas parler de ces choses-là. Pose-moi des questions, je répondrai par oui ou par non. » Sa gêne ne peut être considérée comme un critère de fabulation : naturelle chez une enfant de cet âge, elle s'accentue du seul fait que l'expert est du même sexe que l'abuseur supposé.

« Je crois ma maman »

Peu à peu, l'enfant accepte de se livrer. Les agissements incestueux de son père auraient commencé quand elle avait deux ans et demi ou trois ans. Elle affirme s'en souvenir parfaitement, en parle en murmurant, s'exprimant volontiers par gestes : « Il m'embrassait là, avec sa bouche, et me touchait les fesses... Peut-être qu'il a mis son doigt là [devant] mais je ne suis pas sûre ; je ne crois pas qu'il l'ait fait. » Puis elle serre ses mains autour de son cou, sans manifester aucune expression de terreur : « Il m'a dit que, si je le disais, il m'étranglerait ; c'est pour ça que je ne disais rien. » Elle explique que les attouchements se produisaient presque tous les soirs, quand elle avait entre trois et six ans : son père s'enfermait dans sa chambre, et sa sœur Camille – avec laquelle elle partageait la pièce – ne se rendait compte de rien car elle avait seulement un an. Sa mère se doutait peut-être de ce qui se passait. Avec ses frères, cela avait lieu probablement le matin ; Louise aurait vu son père avec Nicolas, mais ne parvient pas à se rappeler ce qu'ils faisaient ensemble.

Elle affirme savoir que son père risque plusieurs années de prison. Une punition méritée ? « Peut-être que oui. » Silence. « On ne m'a jamais posé cette question : c'est pour ça que tu me la poses ? » Silence. « Je ne suis pas sûre de la réponse », puis : « Je suis sûre qu'il a fait ça, je suis sûre qu'il mérite la prison. » Enfin, elle s'amuse à évaluer (en riant) la durée de la détention éventuelle de son père : « Cinq ans, dix ans, quinze ans... » Se sent-elle capable de pardonner un jour à son père ? La fillette fixe droit dans les yeux son interlocuteur, cesse de se contorsionner sur son siège ou de jouer. L'espace d'un instant, elle devient une enfant grave, responsable :

« Et toi, tu pardonnerais, si c'était toi ? »
Puis :
« Je ne lui pardonnerai jamais. »
Louise demande enfin : « Est-ce que ça existe, des parents qui divorcent et se remarient ensuite ? »
C'est en fin d'entretien qu'un élément révélateur survient : comment peut-elle se souvenir avec autant de précision de son âge au début des agressions, ainsi que de celui de sa petite sœur à cette époque ? Réponse de l'enfant : « Je crois ma maman ! »
Elle répétera, plus tard, à son avocate : « Une maman, ça ne ment pas… »

Les risques de l'entretien

Lorsqu'on tente d'évaluer la crédibilité d'un enfant, on se trouve confronté à deux écueils : l'adhésion sans réserve ni recul critique à ce qu'il dit, due à la croyance naïve qu'un enfant ne peut mentir ou falsifier des faits, ou au contraire la suspicion sur l'ensemble de son discours. Dans le comportement et le discours de Louise, de nombreux éléments suggèrent une fabulation ou une amplification des faits, sinon une induction maternelle des propos de l'enfant.

D'autres points de son récit, plus rares, sont troublants de vérité. On peut noter, parmi les éléments en faveur d'une crédibilité, outre les réponses d'une maturité étonnante (« Et toi, tu pardonnerais, si c'était toi ? »), certains faits tangibles : diminution importante du rendement scolaire et apparition de troubles du comportement et de la concentation.

Mais ces éléments pourraient aussi refléter les désordres psychologiques provoqués par la seule séparation des parents, d'autant qu'elle est particulièrement conflictuelle.

Dans l'attestation produite par son institutrice, il est dit qu'à l'école la fillette négligeait sa tenue vestimentaire, sa coiffure, ou même de lacer ses chaussures ; pendant les récréations, elle pouvait brusquement, sans cause apparente, sauter en hurlant, les bras levés. Il arrivait aussi qu'elle se masturbe en classe, en se frottant sur un pied de sa chaise. Ce comportement, que l'on observe parfois dans les dépressions de l'enfant, n'est pas nécessairement pathologique, et aucun pédopsychiatre n'ignore l'existence d'une activité autoérotique chez le très jeune enfant (elle disparaîtra lors de la phase de latence). Cette conduite était-elle fréquente ou exceptionnelle ? Avait-on expliqué à Louise que la masturbation « en public » est impudique ? Si ce comportement avait persisté en dépit de la conscience de son aspect impudique, il pouvait alors revêtir un caractère pathologique. Mais Louise ne présentait aucun symptôme en faveur d'une pathologie psychiatrique, comme une dépression de l'enfant : ni tristesse, ni ennui, ni repli sur soi ou désintérêt pour le monde extérieur. Elle n'avait pas de troubles du sommeil et jouait avec plaisir.

Le fait que sa maman ait souhaité qu'elle vienne accompagnée de son avocate peut être également interprété : l'absence de Marie-Pierre peut traduire son désir de prouver que sa fille parle de façon autonome. De plus, son avocate, jusqu'à ce qu'elle entende Louise évoquer clairement l'induction maternelle (« Je crois ma maman »), adhérait totalement à son récit, ce qu'une enfant de huit ans est parfaitement capable de ressentir. Pour Louise et sa maman, il n'existait que deux catégories d'interlocuteurs : ceux qui les croyaient, et ceux qui émettaient des réserves.

La plupart des éléments recueillis évoquent donc une amplification, une déformation, une fabulation ou au minimum une utilisation des révélations de l'enfant par sa mère. Pourtant, ils ne constituent en aucun cas la preuve que rien ne s'est réellement passé entre Louise et son père.

Dans l'attente du rapport, la chambre d'accusation, devant l'inconsistance du dossier, décide cependant d'autoriser Sacha à voir ses trois plus jeunes enfants.

La logique de l'escalade

C'est immédiatement après le rétablissement de ce droit de visite que Marie-Pierre étend ses accusations d'abus sexuels à tous les enfants... Lesquels seront également soumis à expertise. Pour sa part, convoqué par le juge à la suite de cette nouvelle plainte, Sacha nie toujours les faits et accuse son épouse de manipuler les enfants. Les deux aînés, Louise et Nicolas, sont placés dans un foyer sur décision du juge des enfants, qui estime l'état psychologique de Marie-Pierre incompatible avec leur prise en charge.

Dans les mois précédant cette plainte, Marie-Pierre avait consulté quatre pédopsychiatres, en leur parlant de ses soupçons d'inceste. Seul le quatrième médecin consulté acceptera d'attester auprès du tribunal que les quatre enfants « ont pu être victimes d'abus sexuels ». Il évoque même un « risque suicidaire imminent » chez Nicolas, l'aîné des garçons. Il suit quelque temps Louise pour des troubles du comportement, des terreurs nocturnes, un refus de la toilette et de l'habillement, des scènes d'acte sexuel mimées avec son frère Nicolas. Il établit un certificat alarmant, mentionnant un état de « sidération traumatique » chez la petite fille. Il reprend les allégations d'inceste de l'enfant et les relie directement à ses troubles, la responsabilité du père semblant, à ses yeux, ne faire l'objet d'aucun doute[1].

« *Maman m'a dit de dire le mal de papa* »

À la demande du juge d'instruction, les trois enfants sont alors reçus pour expertise, plusieurs fois, seuls et en compagnie de Marie-Pierre. Dans ce contexte d'aggravation, l'expert s'est assuré le concours d'une psychologue spécialisée qui suivra les entretiens et pratiquera des bilans psychologiques approfondis chez tous les enfants.

Précisons qu'à l'époque ceux-ci n'ont pas revu leur père depuis plus d'un an. Ils sont également marqués par sa mise en détention provisoire et par leurs nombreux entretiens avec des juges, des médecins, des psychologues. Leur discours a perdu toute spontanéité. Les enfants soumis à une succession d'entretiens s'opposent généralement aux adultes en devenant agressifs ou passifs, ou encore en prenant des attitudes ludiques ou évitantes.

La petite Camille a pleuré ou gémi pratiquement tout au long de la première rencontre, tandis que Thomas n'a pas voulu évoquer les abus sexuels dont il aurait été victime. Il était littéralement arrivé à saturation : expertisé une première fois par un autre psychiatre, à la demande du juge des enfants, il avait été revu « en urgence » par le même médecin environ huit jours avant l'expertise devant un danger suicidaire évoqué par le

1. Signalons que, depuis, ce pédopsychiatre a été condamné par l'ordre des médecins en raison de sa production abondante de certificats pour le moins « imprudents ».

pédopsychiatre. On comprend que son discours ait été pauvre et répétitif lors de l'expertise de crédibilité, demandée, elle, par le juge d'instruction.

Parmi les trois plus jeunes enfants, Thomas est celui qui s'exprime avec le plus d'aisance. Sait-il pourquoi il est dans ce bureau ? « Pour dire ce que maman m'a dit de dire. » Que t'a demandé de dire ta maman ? « Maman m'a dit de dire le mal de papa, sinon on le reverrait, et il nous ferait du mal. »

Thomas a prononcé ces mots en présence de sa mère, dont la gêne est devenue évidente. Devant des signes d'induction aussi flagrants, comment oublier les paroles de Louise, neuf mois plus tôt : « Une maman, ça ne ment pas » ou encore : « Je crois ma maman » ?

L'enfant a ensuite refusé d'évoquer les faits ou de répondre aux questions et a préféré dessiner avec sa petite sœur Camille. Il n'a donné aucune précision sur les agressions sexuelles dont il aurait été la victime, mais confie : « Sacha, c'est le méchant. Il est toujours méchant », avant d'ajouter que son papa s'appelait Michel. Embarrassée, Marie-Pierre a d'abord feint l'étonnement, prétendant ne pas connaître de Michel. Mais, plus tard, quand Thomas parlera de « papa Michel », elle reconnaîtra avoir rencontré « un ami », en expliquant qu'elle n'a fait qu'obéir « aux injonctions répétées du docteur XX », qui l'encourageait à trouver un nouveau compagnon. On l'aura compris, le docteur XX est également le pédopsychiatre qui suivait toute la fratrie.

Camille, pour sa part, a d'abord refusé, en pleurant, de répondre aux questions les plus anodines. Selon Marie-Pierre, la petite fille a beaucoup souffert des agressions sexuelles de son père, se masturbant de manière compulsive dès qu'elle le voyait. Pourtant, l'enfant demeurait enjouée et calme tant qu'on ne lui posait pas de questions.

En se mettant à hurler, la petite fille s'est chargée de mettre un terme à l'entretien, mais, curieusement, elle a redoublé de pleurs quand Marie-Pierre a quitté le cabinet, au lieu d'exprimer la satisfaction et le soulagement attendus. Elle semblait partir à regret, comme si elle s'en voulait de ne pas avoir parlé.

Nicolas est ensuite arrivé accompagné d'une éducatrice du foyer dans lequel il a été placé avec Louise depuis quelques mois et où son adaptation n'a entraîné aucune difficulté ; ses résultats scolaires sont bons. Il est en cours préparatoire. L'éducatrice le décrit comme un petit garçon vivant et plein d'humour, sans attitudes de repli ou de crainte envers les adultes. À son arrivée, il présentait des comportements exhibitionnistes, montrant ses fesses à d'autres enfants. Il met parfois du temps à s'endormir, mais son sommeil est réparateur – sans cauchemars ni terreurs nocturnes –, il n'a pas de problèmes d'appétit et pratique avec plaisir de nombreuses activités (peinture, dessin, lecture). Il a « trouvé sa place » parmi les autres enfants et n'est ni leader ni victime.

Son comportement pendant l'entretien a rendu impossible un interrogatoire plus poussé : d'abord silencieux et intimidé, Nicolas a répondu aux questions par monosyllabes – voire par de simples hochements de tête –, avant de se figer dans un mutisme total. Ce silence n'était pas une manifestation d'hostilité, il était purement défensif : pour Nicolas comme pour Camille, le seuil de tolérance à de tels entretiens semble avoir été franchi depuis longtemps.

Leur mère a ensuite pu être entendue. Elle a commencé par retracer sa vie : deuxième d'une fratrie de trois filles, elle est la seule à avoir des enfants, qui sont donc les uniques petits-enfants de la grand-mère maternelle. Marie-Pierre décrit sa mère comme « une femme extrêmement sévère ». Pendant toute son enfance, elle dit s'être comportée en « petite fille modèle ». Parmi les éléments marquants de son histoire, elle mentionne un viol qu'elle aurait subi à l'âge de quinze ans… dans un avion.

Elle aurait été bâillonnée par un inconnu qui aurait ensuite abusé d'elle pendant toute la durée du vol sous le regard passif du personnel de bord et des passagers avoisinants. C'est à cet événement que Marie-Pierre attribue l'épisode dépressif survenu un an plus tard, à l'origine d'une hospitalisation en service psychiatrique.

Elle dépeint le milieu familial de son mari comme très conflictuel, animé d'incessantes et bruyantes disputes. « Ce sont des Slaves… », répétera-t-elle à plusieurs reprises, sur un ton lourd de sous-entendus.

Nous voici dans le vif du sujet. Souvenons-nous des conclusions de la psychologue, qui mentionnait les propos haineux que Marie-Pierre avait laissés échapper sur son mari.

Marie-Pierre décrit cette fois Sacha comme « bestial, alcoolique, violent, incestueux, ni père ni mari »…

Il souffrirait d'une intoxication alcoolique chronique, très sévère, et serait capable de boire jusqu'à trois litres de vodka en une seule soirée [1].

La relation des époux se serait dégradée dès la naissance de Louise. Marie-Pierre justifie son refus de toute contraception par des motifs d'ordre religieux ; elle se dit « très croyante ».

---

1. Une telle dose d'alcool, absorbée en quelques heures, donnerait un taux d'alcoolémie si élevé qu'il pourrait entraîner un coma éthylique, voire le décès.

Thomas et Camille auraient été conçus accidentellement.

Elle explique que, pendant les disputes avec son mari, celui-ci devenait terrible : insultant et frappant femme et enfants. Ce « colosse », pouvait sans raison aucune se saisir de son fils Nicolas pendant son sommeil, puis le précipiter dans la cage d'escalier. Ces paroxysmes de violence se produisaient plusieurs fois par semaine, mais le petit garçon n'aurait pourtant jamais eu aucune fracture ni contusion, grâce à sa mère qui le « rattrapait au vol ».

Un jour, pendant une promenade, son mari aurait brutalement malmené Nicolas au point de provoquer une luxation du coude. Les médecins consultés aux urgences auraient refusé d'attester que le père avait blessé l'enfant.

Malgré ses dires, Marie-Pierre n'a jamais pu produire le certificat attestant simplement ce passage aux urgences.

Depuis qu'elle a porté plainte contre son mari pour agressions sexuelles sur leurs quatre enfants, elle reconnaît avoir retrouvé une certaine tranquillité d'esprit, en dépit des « écoutes téléphoniques » dont elle soupçonne son époux…

« C'est un peu sa partie, il est vraiment très fort ; même la police n'arrive pas à le coincer, on me donne un nouveau numéro sur liste rouge tous les quinze jours ; il arrive toujours à me retrouver. » Marie-Pierre présente, on le voit, un contact fragile avec la réalité. On peut même s'interroger sur l'existence d'une activité délirante de persécution.

Pendant les entretiens, son comportement est sobrement théâtral. Elle a tendance à exagérer ou déformer les événements ; la gravité de l'alcoolisme qu'elle décrit chez son mari semble incompatible avec le niveau d'adaptation socioprofessionnelle de Sacha. Le bilan médical n'a d'ailleurs permis de recueillir aucun élément en faveur d'une telle hypothèse.

Sa violence physique n'a eu aucun retentissement sur la santé physique des enfants, alors qu'un « colosse de 100 kilos, ivre mort », battant femme et enfants, y compris les bébés, aurait dû causer quelques dégâts. Le syndrome des enfants battus, appelé aussi syndrome de Silverman, est connu : ces enfants présentent souvent des fractures, des hématomes, voire une hémorragie méningée, des troubles de croissance et d'autres signes objectifs, radiologiques et cliniques[1]. Ils sont le plus souvent anormalement tristes, fatigués, inertes ; ils paraissent plus matures ou plus âgés qu'ils ne sont, et souffrent de stress ou de dépression (incontinence urinaire ou fécale diurne ou nocturne, refus de s'alimenter, vomissements, etc.).

Aucun des enfants de Marie-Pierre et Sacha ne présente ces signes.

Marie-Pierre a admis après avoir tenté de le cacher qu'elle les encourageait à appeler « papa » son nouveau compagnon, ce qui est toujours nuisible au développement psychologique des enfants. Camille (trois ans et huit mois au moment de l'expertise) a ainsi beaucoup de mal à établir une distinction entre son « papa Michel » et son « papa pas nouveau » (Sacha). Enfin, Marie-Pierre a très clairement exprimé son désir que les enfants ne revoient plus jamais leur père : « Il l'a bien cherché », a-t-elle laissé échapper. Cette phrase en dit probablement beaucoup plus sur ses motivations qu'elle ne l'aurait souhaité.

Après avoir longuement reçu Marie-Pierre, et examiné ses quatre enfants, la discussion, qui suit

---

1. J. Ajuriaguerra, *Manuel de psychiatrie de l'enfant*, 2e éd., Masson, 1974.

toujours les observations effectuées dans le cadre d'une expertise, peut se résumer de la façon suivante :

Soit les faits reprochés à Sacha sont exacts : on imagine leurs conséquences catastrophiques sur le développement des enfants, ainsi que sur leur affectivité et leur vie sexuelle futures ; soit les faits allégués sont amplifiés, déformés, ou encore issus d'une fabulation.

Le problème est alors que la justice a semblé adhérer au récit de Marie-Pierre par la mise en détention provisoire du père et l'interdiction de tout contact avec ses enfants. Sacha est de ce fait perçu par eux comme réellement malfaisant. La petite Camille, âgée de trois ans au moment de la séparation, ne conserve de lui qu'un vague souvenir, largement influencé par la perception de sa maman. Toute tentative de réhabilitation du père par ses enfants s'avère difficile et réactive les angoisses d'abandon par leur mère : ils sont soumis à un conflit de loyauté, auquel ils tentent de faire face avec beaucoup de courage lors des interrogatoires. Ces enfants, bien qu'ayant été tout à fait sincères, n'ont pas paru crédibles aux experts.

Consensus ?

Les expertises psychiatriques n'ont révélé aucun trouble chez Sacha. Deux ordonnances de « non-lieu » (en première instance, puis en appel) l'ont désormais définitivement innocenté. Pourtant, il n'a toujours pas revu ses enfants.

Après avoir longuement hésité, il a décidé de se constituer partie civile contre son ex-épouse, pour dénonciation calomnieuse.

Pour mieux comprendre cette décision, il faut se souvenir que la justice ne lui a pas donné droit en dépit des rapports concordants des trois experts successivement nommés :

La première psychologue désignée quatre ans plus tôt avait émis de sérieux doutes quant à la compétence maternelle de Marie-Pierre. Elle la décrivait « débordée » et incapable de fixer aucune limite à ses enfants. Elle semblait même en percevoir déjà le retentissement sur leur équilibre et leur santé mentale, constatant chez eux, en présence de leur mère, une angoise intense et des signes de « déstructuration psychique ».

À l'inverse, elle avait été frappée par la qualité du rapport avec leur père, et par le climat apaisant qu'il était capable d'instaurer avec eux de façon naturelle. Les enfants lui manifestaient d'ailleurs une affection spontanée et joyeuse, lui sautant littéralement au cou (il faut se souvenir que cette occasion représentait pour eux la seule possibilité de le voir). À aucun moment leur attitude envers leur père n'était venue attester la peur dont leur mère faisait état.

Au sujet des soupçons d'inceste pesant sur Sacha, rien, parmi les divers éléments recueillis au cours des différents entretiens avec Louise, n'avait permis de les confirmer, la fillette ayant même assuré que personne ne lui avait « jamais touché la zézette, papa non plus ». (Cette phrase de l'investigation est essentielle car, à l'époque, les récits des enfants étaient moins « pollués » par les multiples entretiens qu'ils devaient subir par la suite.)

Après avoir longuement, et à plusieurs reprises, rencontré parents et enfants, la psychologue n'avait pas hésité à se prononcer sur l'absence de contre-indications à ce que le père puisse s'occuper de ses enfants de manière autonome, à charge pour lui de s'organiser pour les faire garder pendant ses heures de travail.

En revanche, à propos de Marie-Pierre, si elle reconnaissait en elle « une mère aimante et maternelle », elle précisait qu'elle pouvait prendre en charge les enfants, *à condition de bénéficier d'une aide au niveau éducatif et psychologique.*

Un an plus tard, un deuxième expert était lui aussi parvenu à des conclusions positives pour Sacha, rien dans son examen clinique n'autorisant à mettre en doute sa capacité à exercer son autorité parentale. Si, à l'époque, le transfert de la résidence des enfants chez leur père semblait problématique, ce n'était qu'en raison de… l'exiguïté de son logement. Quant à l'état de leur mère, il nécessitait aux yeux de l'expert l'intervention de services socio-éducatifs adaptés à la situation de « danger psychologique » dans laquelle se trouvaient les enfants.

Pourquoi, en dépit de tous ces éléments défavorables, la « résidence habituelle » a-t-elle été maintenue chez la mère ?

Pour que des magistrats puissent en de semblables circonstances courir le risque de maintenir pour le père un droit de visite et d'hébergement classique, encore faudrait-il que les auxiliaires de justice, les experts médicaux et en premier lieu les psychiatres soient parfaitement clairs et cohérents dans leurs conclusions.

Nous avons rapporté, en ce qui concerne ce couple, les opinions réitérées des experts sur la personnalité de Sacha et sur sa capacité à élever seul ses enfants. On a vu qu'*a contrario* ils établissaient sans ambiguïté les insuffisances de la mère, au point que le juge des enfants a dû placer deux des quatre enfants dans un foyer.

Or, leurs conclusions sont en totale inadéquation avec le corps de leur rapport. Simple conformisme, ou persistance d'une peur, bien compréhensible devant l'extrême gravité des faits allégués ? Citons cet extrait de la conclusion du premier expert, psychologue :

Actuellement, je pense que la résidence des enfants ne doit pas changer, non que leur père ne présente pas les garanties nécessaires. L'urgence va aux soins psychothérapiques individuels pour les membres de la famille qui en ont besoin [...].

Et pour le deuxième expert :

Le principe d'un droit de visite et d'hébergement usuel doit être réaffirmé comme objectif à atteindre.

Si l'on se souvient de la tonalité d'ensemble des deux rapports, et de la sévérité des mesures de protection adoptées, il reste, on le voit, du chemin à faire pour que cet objectif puisse seulement être atteint...

Quelle vérité sort de la bouche des enfants ?

« Non, plus bisous, tu piques ! », s'écrie la petite fille en repoussant sa grand-tante devant ses parents mi-gênés, mi-amusés…

Profondément égocentrique, le jeune enfant ne s'embarrasse guère de précautions pour exprimer ses états d'âme. C'est vraisemblablement cette spontanéité qui est à l'origine du dicton : « La vérité sort de la bouche des enfants. »

Certains ont cru pouvoir élever cet adage au rang de vérité consacrée et, du même coup, l'authenticité de l'enfant au rang d'expression intangible de la réalité. Une extension qui frôle parfois l'abus.

Les adultes invoquent cette spontanéité chaque fois que l'enfant émet une affirmation amusante ou choquante – ou quand ils ne veulent pas admettre que leur enfant puisse exprimer des idées, traduire des images trop éloignées de l'univers angélique dans lequel devrait se tenir leur « chère petite tête blonde ». On répugne à admettre que l'enfant soit l'hôte de pulsions et de fantasmes qui pourraient entrer en contradiction avec une vision idéalisée de l'innocence.

L'enfant peut-il mentir ? Formulée en ces termes, cette question ne nous paraît ni pertinente ni digne d'intérêt, et tous les parents du monde devraient être capables d'y répondre. Il nous semble plus judicieux de nous attacher à l'utilisation du témoignage de l'enfant, autrement dit au problème de sa crédibilité.

Les mentalités ont à cet égard considérablement évolué. Auparavant jugé inexploitable, le témoignage de l'enfant est à présent considéré comme déterminant, au point que certains n'hésitent pas à affirmer que « l'enfant dit toujours la vérité ».

Or, l'école québécoise[1] a montré que la validité du témoignage d'un enfant ne peut être appréciée indépendamment du contexte dans lequel se produit la « révélation ». Et s'il semble établi que le très jeune enfant ment rarement, cela ne signifie pas pour autant qu'il dit toujours la vérité !...

Les études sur les récits d'enfants et leur crédibilité sont nombreuses – on peut toutefois remarquer que leurs auteurs sont en général « prudents » et manient volontiers la thèse et l'antithèse comme s'ils craignaient de prendre parti.

Dans leur étude commune, les pédopsychiatres Hayez, Vervier et Charlier[2] notent cependant :

En dehors de toute suggestion émanant d'un adulte proche [...] les mensonges et les fabulations, totaux ou sous la forme d'amplifications des faits, ne dépassent pas 3 à 8 % des cas. Ce chiffre s'accroît néanmoins

---

1. Particularités du témoignage de l'enfant victime d'abus sexuels, Hubert Van Gijseghem, in *L'Enfant mis à nu*, *op. cit.*

2. « De la crédibilité des allégations des mineurs d'âge en matière d'abus sexuel », in *Psychiatrie de l'enfant*, XXXVII, 2, 1994, p. 361 à 394.

considérablement dans le cas précis d'une « révélation » amenée par un parent dans les litiges liés à la séparation du couple (35 à 60 % de faux selon les auteurs, par ex. Green, 1986).

Les spécialistes s'accordent à reconnaître que le récit du mineur peut mêler erreurs d'interprétation, fabulation, mais aussi (plus rarement) mensonge. L'enfant peut souffrir de troubles psychiques ou psychologiques ou être mis « en condition » par un adulte manipulateur – que la manipulation soit volontaire ou non. Mais surtout, *il peut mêler dans des proportions variables l'imaginaire et la réalité.*

Quand on évoque les allégations d'abus sexuels, il faut avoir connaissance de ces données, car une part importante du processus judiciaire se fonde sur les dires de l'enfant. Le problème est donc d'en évaluer la crédibilité et surtout d'analyser comment l'enfant et/ou son entourage peuvent construire, souvent de bonne foi, un témoignage erroné.

La qualité et la validité du témoignage de l'enfant sont aussi étroitement dépendantes de la façon dont on procède à l'interrogatoire. On ne l'interroge pas comme un adulte, et sa déposition ne peut en aucun cas être exploitée de façon littérale : elle nécessite un véritable travail d'analyse et de décodage, d'autant plus indispensable que l'enfant est jeune. L'acquisition du langage pose en effet de nombreux problèmes d'interprétation : il semble que les mots récemment intégrés par les très jeunes enfants ne soient pas toujours chargés de leur richesse sémantique définitive. Un très jeune enfant peut utiliser les mêmes mots pour nommer des choses différentes, ou inversement employer des mots différents pour décrire une même réalité. Une compréhension « littérale » de son discours conduirait à de nombreuses erreurs d'interprétation : elle est donc à proscrire.

Les personnes qui interrogent les enfants dans le cadre d'une instruction judiciaire doivent être de vrais professionnels, entraînés à ne pas influer sur leur discours et à ne pas poser de questions « inductrices ». Avant d'estimer le crédit qu'ils peuvent apporter au récit, ils sauront évaluer sa capacité à distinguer le vrai du faux, le réel de l'imaginaire, ainsi que sa suggestibilité [1].

L'enfant a-t-il un jugement moral ?

Le rapport des adultes à la vérité repose sur des notions morales, sociales, philosophiques, religieuses dont l'acquisition est relativement tardive. Jean Piaget [2], étudiant le développement de la morale enfantine, a distingué deux phases : la première morale dont l'enfant se montre capable est celle de l'autorité (interdit/autorisé). Dans cette première phase, le jugement de l'enfant est binaire, pour ne pas dire manichéen : une réalité sans nuances, en « tout noir ou tout blanc », ou plutôt en « tout bon ou tout mauvais ». Ce n'est que plus tard, guère avant l'âge de sept à huit ans, qu'il peut accéder à un jugement plus autonome, imprégné de valeurs morales élémentaires (notion du bien et du mal), l'autonomie morale, selon Piaget, étant acquise « lorsque la conscience considère comme nécessaire un idéal indépendant de toute pression extérieure ».

---

1. On désigne par ce terme, rappelons-le, le fait d'être particulièrement influençable. Tout enfant l'étant, la question posée par le juge à l'expert est ainsi formulée : « L'enfant est-il normalement suggestible pour son âge ? »

2. J. Piaget, *Le Jugement moral chez l'enfant*, PUF, 1992.

Que dire alors du rapport de l'enfant à la vérité – et d'abord à la réalité ?

On peut tenir pour acquis que le très jeune enfant est sincère : pour « mentir », encore faut-il être capable de distinguer le réel de l'imaginaire. Le travestissement de la vérité par le très jeune enfant est généralement inconscient et involontaire. Son univers égocentrique lui confère une sorte de virginité par rapport aux codes, aux tabous et aux conventions peu à peu inculqués par sa famille, l'école, sa socialisation. Il fera alors l'expérience cuisante des désagréments de la spontanéité absolue. Progressivement, cette spontanéité s'émoussera, modelée par les exigences des codes sociaux.

Dans le même temps, son souci de « vérité » grandit sous la pression morale de sa prime éducation. L'un des premiers interdits n'est-il pas « il ne faut pas mentir » ? L'enfant accepte d'abord ce principe fondateur de sa relation aux autres par désir de plaire à ses parents : « Papa et maman seront fâchés si je mens. Ils ne m'aiment plus si je dis des mensonges. » Plus tard, il éprouvera que ce même principe conditionne pour une grande part la bonne qualité des rapports entre individus, et notamment avec ses camarades du même âge. Son envie de dire la vérité s'ajoutera à sa « spontanéité aménagée » et constituera la base de sa sincérité.

Mais sa sincérité est-elle gage de vérité et surtout expression de la réalité ? Il est difficile d'être affirmatif : l'adulte lui-même ne peut assurer que sa propre sincérité, pourtant nourrie de l'exercice critique et de la réflexion, fournisse un reflet fidèle de la réalité…

Chez l'enfant, le conflit vérité/réalité s'alimente de quelques composantes propres à son statut et à son développement psychologique. Sa perception du réel se construit progressivement par la découverte, l'expérience et la capacité à raisonner. Ce n'est que relativement tard que cette somme de compétences cognitives sera réunie.

Avant cela, et surtout dans la première phase, jusqu'à quatre-six ans, la discrimination entre l'imaginaire et la réalité est impossible à effectuer avec certitude. Le rêve, le fantasme, la construction fabulatrice, le jeu forment un amalgame complexe.

La découverte du monde par l'enfant est largement aidée par la parole de l'adulte. Ce rôle initiateur du père et de la mère (des adultes, en général) le conforte dans sa confiance spontanée dans les dires des « grands ».

Maman dit : « Attention à l'eau chaude, ça brûle ! » et, immanquablement, il en fait un jour la cuisante expérience… Dans le champ de son vécu ordinaire et immédiat, tout ce que dit l'adulte se vérifie, donc tout ce que dit l'adulte est vrai. De ce glissement naîtra la suggestibilité : si l'enfant se laisse facilement convaincre, il se laisse tout aussi facilement influencer.

Les questions de l'adulte se transforment souvent pour lui en suggestions et, si l'on n'y prend garde, les réponses de l'enfant refléteront les attentes ou les craintes de celui qui l'interroge…

Car l'enfant perçoit intuitivement ce qu'on attend de lui ; pour ne pas décevoir, il s'efforce d'aller au-devant de cette attente. S'il s'agit de ses propres parents, l'enfant sait qu'il faut dire comme papa ou comme maman : dire le contraire serait les trahir et risquer de perdre leur amour ou leur confiance.

Mais lorsque le père et la mère se déchirent, comment concilier ce désir de loyauté avec l'obligation de contredire l'un ou l'autre ?

La découverte du mensonge

Si l'enfant découvre peu à peu que le mensonge perturbe ses relations avec les autres et que le « devoir de vérité » est le garant de toute communication avec eux, il ne tarde pas à apprendre qu'il existe toutes sortes de mensonges. Ceux qui traduisent un désir : « Mon papa, il a une belle auto ! » ou encore ceux qui sont valorisants : « Mon papa, il est directeur ! »

Le mensonge peut être « noble », bienveillant ou protecteur : l'enfant ment à sa mère pour lui éviter une peine, une désillusion (« Aujourd'hui, j'ai eu zéro faute à ma dictée ! »). Certains mensonges sont « utilitaires » (« J'ai très mal à la gorge, je ne peux pas aller à la piscine », ou : « J'ai faim, je ne peux pas dormir », pour différer l'heure du coucher et de l'endormissement).

Enfin, le mensonge peut aussi être une arme utilisée pour faire mal, pour nuire sciemment, pour soutenir une hostilité qui ne trouve pas d'autre moyen pour s'exprimer. C'est bien sûr la forme la plus achevée du mensonge, la plus dangereuse aussi. Elle ne concerne en général pas le tout-petit et serait plutôt le propre du mensonge élaboré d'un adolescent.

Les perversions de la vérité : de l'innocence meurtrie à l'innocence meurtrière

> *Il suit de là que les mensonges des enfants sont tous l'ouvrage des maîtres, et que vouloir leur apprendre à dire la vérité n'est autre chose que leur apprendre à mentir.*
>
> Jean-Jacques ROUSSEAU,
> *Émile ou De l'éducation*, livre II.

Le récit de l'enfant, tout son récit, doit cependant être pris en considération. L'enfant est un adulte en devenir. Dans un contexte psychosociologique normal, le développement de son rapport à ce qui l'entoure – et en l'occurrence sa sphère familiale élargie – s'imprègne de codes établis, confortés par des générations de conventions et d'expériences morales : c'est ce que l'on pourrait appeler des « certitudes ». Aussi longtemps que ces repères conventionnels sont respectés, on peut espérer atteindre un équilibre salutaire au développement harmonieux de son système moral.

Mais, si les valeurs fondamentales sont transgressées par ceux-là mêmes qui incarnent à ses yeux ces certitudes et cette morale, tout est remis en cause dans ses propres – et fragiles – repères intérieurs. L'enfant cherchera alors l'approbation de la majorité des adultes qui forment son univers élargi.

Dès lors, quelle vérité va-t-on entendre de la bouche de l'enfant ? Et que reste-t-il de sa spontanéité dans un tel contexte ?

Les proverbes, dictons et autres aphorismes ont ceci de confortable qu'ils permettent des ellipses et des sous-entendus moraux difficiles à transgresser. Sans

« actualisation », ils continuent de faire office de vérités établies, loin de toute réalité temporelle. Quel point commun pourtant entre un enfant de l'an 2000, en prise directe, par la télévision, avec une vision cosmopolite du monde, et un enfant du début du siècle, confiné à l'intimité de son quartier ou de son village ?

Pourtant, le proverbe a la vie dure. Son influence pèse toujours sur l'inconscient collectif : une vérité première que l'on persiste à opposer impunément à toute raison et à toute expérience… et plus encore dans le contexte sulfureux de la sexualité.

Les adultes, souvent, répugnent à admettre la forte composante sensuelle, sexualisée, des tout-petits, pourtant établie aujourd'hui : entre dix-huit mois et cinq ans, la découverte des stimuli sexuels est constante et l'activité autoérotique intense et régulière. Nombre de parents continuent pourtant de le nier contre toute évidence : « Le nôtre n'a jamais fait ça ! »

Ce déni de la sexualité enfantine n'est pas étranger à la crédibilité aveugle que l'on accorde aux récits d'abus sexuels : « Mais voyons, il n'a pas pu inventer ça tout seul ! » Mais si, il peut parfaitement inventer ça tout seul. A fortiori si on l'y encourage consciemment ou non. Car l'éveil sexuel du tout-petit est rapidement suivi de l'apparition d'une culpabilité : l'enfant, jusque-là très disert sur ses occupations, n'évoque pas volontiers ce genre d'activité. Si les questions de son entourage sont posées en des termes trop directs, elles peuvent alors revêtir un caractère hautement inducteur, par exemple en offrant à l'enfant une sorte d'échappatoire. Au banal : « Qu'est-ce que tu as là ? » d'une maman inquiète devant une rougeur suspecte, engendrant une simple culpabilité, peut se substituer une issue plus dramatique si la formulation devient : « Mais qui t'a fait ça ? »

Par ailleurs, l'enfant observe plus qu'on ne le pense le comportement amoureux de ses parents. Dans le cas d'une famille recomposée, les sources d'éveil de la curiosité sont amplifiées. L'enfant devient le témoin de gestes entre adultes, gestes qu'il n'avait jamais connus – ceux de l'idylle amoureuse antérieure à sa naissance. Plus sensibilisé, il se montre aussi plus réceptif à tout ce qui touche à la sexualité. Dès lors, son discours, ses récits peuvent apparaître « décalés » par rapport au niveau d'expérience qu'on lui concède. La crédibilité qu'on accordera alors à ses dires s'en trouvera accrue, toujours selon le principe : « Il n'a pas pu inventer ça… »

Le discours de l'enfant peut surprendre par la richesse de son vocabulaire ou par sa précision dans l'évocation des faits. Des faits qui prennent corps lorsque les interrogatoires se succèdent et se ressemblent : l'enfant apprend vite ! Peu à peu se mêleront dans son récit des informations puisées au cours des différents interrogatoires, eux-mêmes succédant à ceux des parents et grands-parents. Citons encore Van Gijseghem :

Il ne s'agit pas, dans la presque totalité des cas, d'un mensonge de l'enfant, mais d'un processus progressif de contamination de son récit à partir des interrogatoires suggestifs d'une mère de bonne foi mais aux prises avec une sollicitude anxieuse. […] On aura compris que dans ces cas, l'enfant, souvent d'âge préscolaire, est la victime involontaire d'une sorte de lavage de cerveau, également involontaire. (Op. cit.)

Le conflit de loyauté

Quelles sortes de conflits peuvent hanter l'enfant qui « aménage » son discours lors d'une séparation de ses parents ? On sait qu'il recherche l'approbation, l'amour, la sécurité. Cette quête se fait plus désor donnée, plus forcenée aussi, quand ses deux parents se déchirent : il est conscient d'être en partie l'objet et l'enjeu de la guerre des adultes. L'isolement et la solitude lui deviennent alors difficilement supportables, et la peur du rejet ou de l'abandon se renforce. Il voit ou il sait que s'agitent autour de lui les acteurs d'un monde inconnu : avocats, policiers, agents sociaux... Il entend et intègre les commentaires des grands-parents, oncles, tantes, cousins, amis. Il s'inquiète de son devenir, il sait qu'il risque de perdre l'un ou l'autre de ses parents : le vaincu.

Même s'il conserve intact tout son amour pour les deux, ne va-t-il pas subir l'ascendant de celui qui hérite, légalement, de la garde, facteur d'autorité ? Au contraire, l'autre parent lui apparaît alors fragilisé, écarté, déjà exclu. Prendre son parti, c'est déplaire ou trahir ; c'est aussi aller contre l'opinion dominante et se mettre soi-même en position de fragilité.

Par crainte, influence, perte de repères, soumission à l'autorité, ne peut-on pas lui faire croire, lui faire dire ce que l'on aura, par erreur ou par calcul, insinué dans les incertitudes de son univers affectif tourmenté ?

Il arrive au contraire que l'enfant authentiquement victime d'abus sexuels se rétracte, qu'il revienne sur ses premières déclarations, effrayé des conséquences de ses accusations pour un parent qu'en dépit de tout il continue d'aimer. Quand l'abuseur présumé est en détention provisoire, l'enfant se sent responsable – et coupable – des poursuites dont son père fait l'objet. Peut-être aussi craint-il une punition ultérieure, un rejet ou un abandon. Mais, par-dessus tout, il se sent « déloyal ».

La suite de ces tristes développements ? La souffrance psychologique de l'enfant et les dangers que l'on fait peser sur son devenir. H. Van Gijseghem affirme à ce propos : « L'impact d'une fausse allégation déclarée vraie (faux positif) est aussi nocif pour l'enfant que l'impact d'une allégation vraie déclarée fausse (faux négatif). » *(Op. cit.)* Il n'est bien sûr pas seul à penser que, « dans bon nombre d'affaires d'attentats à la pudeur, la poursuite judiciaire a pour l'enfant des conséquences bien plus néfastes que les actes eux-mêmes [1] ».

Nous pourrions ajouter que, dans le cas du « vrai », le parent dénonciateur joue son rôle naturel de parent protecteur ; dans le cas du « faux », il n'est protecteur qu'en apparence, et l'enfant, bien plus tard, prendra nécessairement conscience de la manipulation dont il a fait l'objet dans sa première enfance.

Ainsi, qu'il ait subi d'authentiques agressions sexuelles, qu'il ait adhéré sans s'en rendre compte à des convictions erronées ou, pis encore, à un montage intentionnel… l'enfant aura été, dans tous les sens du terme… abusé.

---

1. J.-P. Getti, « L'inceste père-fille. Le rôle du juge », in *Revue médicale et enfance*, décembre 1986, p. 484.

« C'est papa… C'est papa… ! »

Un père accusé d'avoir agressé sexuellement sa petite fille.
Une révélation bouleversante lors de l'expertise.

La « toutoune rouge »

Pedro est le cadet d'une famille de cinq enfants. Après une scolarité difficile et une adolescence perturbée, il est devenu maçon. Il a trente-quatre ans. Patricia, cadette d'une famille de huit enfants, a été marquée par le comportement particulièrement violent de son père. Elle travaille dans un salon de coiffure. Elle a trente et un ans. Un an après leur mariage, Patricia et Pedro ont eu une fille, Mathilde. Le jeune père s'est tout de suite intéressé au bébé ; il a assisté à sa naissance, puis s'en est occupé avec tendresse. La relation du couple a commencé à se dégrader lorsque la jeune femme n'a plus toléré sa belle-famille, trop « envahissante ». Elle se plaint désormais du désir sexuel incessant de son mari, d'autant que Mathilde, à quatre ans, dort entre ses parents, ce qui inhibe tout désir chez sa mère.

Quand Patricia exprime sa volonté de divorcer, Pedro s'y oppose. Mais la séparation semble inéluctable ; la jeune femme sort beaucoup, comme pour fuir le domicile conjugal, laissant son mari s'occuper de leur fille.

La garde de Mathilde est cependant confiée à sa mère, Pedro obtenant un large droit de visite et d'hébergement ; l'autorité parentale s'exercera en commun.

Un an après le divorce, Patricia demande une modification de ces droits : son ex-mari aurait eu des gestes déplacés à l'égard de sa fille.

La fillette est rentrée d'un week-end chez son père en se plaignant d'avoir la « toutoune rouge ». Elle aurait alors confié à sa maman que son père la touchait dans son lit, et l'obligeait à toucher son propre sexe. Patricia parle à des amis et consulte une assistante sociale. Sur leur conseil, elle dépose sa plainte, sans en parler à son mari – à qui elle reprochera ensuite de ne pas avoir protesté au cours des trois jours séparant la plainte et sa convocation à la brigade des mineurs.

« Depuis le début, elle a voulu m'enlever la petite »

Devant l'injustice de cette accusation, Pedro a « résisté à l'envie de tout casser ». Il confiera à l'expert : « Depuis le début, elle a voulu m'enlever la petite. »

La fillette doit subir un examen gynécologique qui ne met en évidence aucune trace de défloration. Mais le JAF ordonne la suspension des droits de visite et d'hébergement de Pedro en attendant le résultat de l'examen médicopsychologique de la famille.

L'expertise ne peut avoir lieu à la date prévue et doit être repoussée de trois mois, l'avocat de la jeune femme avançant que l'état émotionnel de sa cliente est incompatible avec un tel examen. Elle assure que l'expertise sera plus facilement envisageable après les vacances scolaires.

Une semaine avant ce deuxième rendez-vous, Patricia s'oppose de nouveau à ce que Mathilde soit convoquée en même temps que son père. L'analyse de la relation parentale exige pourtant l'observation de la fillette en présence de ses deux parents.

Tous les moyens sont bons pour tenter de se soustraire à l'expertise, Patricia cherchant même à obtenir du pédopsychiatre qui suit Mathilde un certificat contre-indiquant l'audition de l'enfant en présence de son père. Ce certificat lui sera fort heureusement refusé. Son acharnement ne semble pas uniquement motivé par un désir de protection de Mathilde. Elle laisse échapper cette phrase terrible :

« Je ne veux pas qu'il ait un instant de satisfaction en la voyant. »

L'expertise peut finalement avoir lieu.

D'emblée, Patricia se montre agressive. Non sans un certain théâtralisme, elle menace même de quitter le cabinet :

« Je ne vais pas subir ça jusqu'au bout ! »

Pendant la phase de l'entretien à laquelle assiste sa fille, Patricia se ferme, visiblement furieuse que son mari puisse voir l'enfant et lui parler. Cette colère culminera quand Mathilde exprimera le souhait de « faire un câlin à papa ».

Malgré tout, elle accepte de raconter son histoire et celle de sa fille.

Avant l'agression sexuelle, Mathilde semblait accepter le divorce de ses parents ; elle n'a présenté aucun signe évocateur de dépression de l'enfant et elle a bien intégré la séparation. Cependant, Patricia souligne le retentissement de l'agression sexuelle sur Mathilde : elle décrit un somnambulisme chez sa fille qui en pleine nuit, terrorisée, fait irruption dans la chambre de sa mère. Paradoxalement, le comportement de l'enfant à l'école reste bon ; l'institutrice n'a rien remarqué d'anormal, bien qu'elle ait conseillé aux parents d'arrêter de se déchirer pour ne pas l'affecter davantage.

Selon Pedro, sa femme aurait déjà eu envers lui des soupçons d'attouchements sexuels, lui reprochant, par exemple, de « peloter » l'enfant quand il la serrait dans ses bras. Version contestée par Patricia. Elle nie également avoir questionné sa fille. Pourtant, celle-ci aurait raconté à Pedro que sa mère l'interrogeait souvent pour savoir ce qui se passait quand elle dormait avec lui : les soupçons maternels étaient alimentés par le fait que l'enfant partageait le lit de son père.

Pedro explique avoir essayé plusieurs fois de ramener Mathilde dans sa propre chambre mais que l'enfant, qui ne s'était pas encore habituée au nouvel appartement, venait le rejoindre au bout d'une demi-heure.

Le père précise d'ailleurs que, avant la séparation, la petite fille dormait régulièrement dans le lit de ses parents.

Il est frappant de constater que la mère reproche à Pedro de s'être montré laxiste envers Mathilde alors qu'elle tolérait la présence de l'enfant dans le lit conjugal. Pedro conteste tous les faits qui lui sont reprochés, et semble sincère. Il regrette de ne pas avoir eu la fermeté suffisante pour dissuader Mathilde de venir dormir avec lui. Le jour de la « toutoune rouge », il aurait conseillé à l'enfant d'en parler à sa mère, pour que celle-ci lui applique une pommade calmante.

Quand, dans le cabinet de l'expert, Mathilde est mise en présence de ses deux parents, elle se montre gaie, mais un peu nerveuse. Elle rit beaucoup – cette note ludique excessive est probablement défensive. Émue et heureuse de revoir son père, elle s'adresse à lui avec tendresse. D'une grande vivacité intellectuelle, elle fait preuve d'une maturité parfois surprenante : quand on lui explique qu'il lui sera difficile de voir son père à cause des accusations portées contre lui, elle répond :

« S'il dit la vérité il ne se fera plus punir. »

Mais quand on lui demande de raconter ce qui s'est passé, elle se dérobe :

« J'ai trop joué avec mes copines, j'ai tout oublié. » En réponse aux questions, elle mimera à plusieurs reprises le geste de « rembobiner le film dans sa tête », comme si elle tentait de se remémorer une scène ancienne… ou un discours appris.

Volontiers théâtrale, la fillette affirme successivement des choses incohérentes et contradictoires. Elle prétend, par exemple, que son père n'a rien fait, puis qu'il l'a simplement touchée avec un gant en la lavant, et enfin qu'il a bien touché sa « zézette », mais pendant son sommeil, et qu'elle a donc pu se tromper.

À ce stade de l'entretien, Mathilde est suffisamment en confiance pour être entendue seule.

Installée dans le fauteuil qu'occupait son père, elle confie d'emblée qu'elle avait très envie de le retrouver. Elle demande ensuite si, au cas où elle dirait la vérité, elle pourrait ne plus voir « tous les docteurs et les juges ». Son ton est grave, comme si elle avait à avouer des choses importantes, mais elle hésite encore à se confier. Elle s'exprime au conditionnel, exigeant des garanties et exerçant une sorte de chantage. Elle n'en dit d'abord pas davantage.

Lorsque les parents reviennent dans le bureau, Mathilde exprime une nouvelle fois le désir de faire un câlin à son papa. En dépit de la désapprobation maternelle, l'enfant vient se blottir dans les bras de son père. Mais, consciente d'avoir en quelque sorte trahi sa mère, elle la regarde comme pour s'excuser puis réaffirme son désir de « dire la vérité ».

L'expert lui fait remarquer qu'il n'y a qu'une vérité et qu'on ne peut pas jouer avec des sujets aussi graves. Elle chuchote alors à sa maman : « C'est papa... » Elle répétera ces deux mots à plusieurs reprises, ce qui conforte Patricia dans la conviction que l'enfant accuse son père.

Mais, après avoir demandé que ses parents quittent à nouveau la pièce, la petite fille murmure dans un souffle cette phrase incroyable : « C'est papa... qui dit la vérité. »

Manipulation ou fantasme ?

Après une révélation aussi grave, il a fallu faire confirmer à Mathilde ce qu'elle venait de dire. Elle a alors eu le courage de répéter devant ses parents avoir voulu « faire plaisir à maman », et parlé d'attouchements « en pensant que c'était bien pour maman ».

Elle s'est ensuite jetée dans les bras de son papa : « Pardon, mon papa. » L'émotion de la petite fille était si intense qu'elle a quitté le cabinet dans des sanglots incoercibles.

Impossible de dire si Patricia a volontairement induit la fabulation de Mathilde. En revanche, il est possible qu'une histoire personnelle et familiale marquée par la violence l'ait amenée à questionner l'enfant d'une manière suffisamment perturbante pour induire cette fabulation. Lors des entretiens d'expertise, Pedro a confié que sa femme aurait elle-même été victime d'inceste (elle avait alors entre cinq et dix ans) de la part d'un de ses frères – ce que la jeune femme a contesté. De même Patricia a vécu trois ans avec un homme, avant son mariage, et Pedro a assuré que sa femme lui aurait dit avoir été « violée régulièrement » par cet homme – ce qu'elle a nié devant l'expert.

Quelques jours plus tard, et comme on pouvait le présager, Patricia a téléphoné au cabinet afin d'informer l'expert que Mathilde était revenue sur ses déclarations et confirmait de nouveau l'agression sexuelle : l'enfant aurait, selon elle, menti pour protéger son père et avoir le droit de le revoir. Patricia a mis fin au suivi de sa fille par son pédopsychiatre, qui avait refusé de la « dispenser » de l'expertise en présence de son père.

On peut lire dans les conclusions du rapport d'expertise :

Il faut souligner l'importance et la toxicité des pressions maternelles, dont il convient désormais de protéger Mathilde. Il semble essentiel que Mathilde continue la psychothérapie qu'elle vient d'entreprendre, ce d'autant que la fillette pense encore avoir été déloyale envers sa mère en innocentant son père. Le rétablissement du droit de visite de Mathilde chez son père est préconisé, à condition que celui-ci se montre plus ferme et plus rigoureux envers sa fille : Mathilde doit dormir dans sa propre chambre…

De la sincérité…

L'un des critères les plus pertinents pour distinguer la fausse allégation de l'accusation mensongère serait la « sincérité » du parent dénonciateur, dimension d'appréciation éminemment subjective. En tout état de cause, la question n'est jamais explicitement posée à l'expert.

La sincérité, définie par *Le Petit Robert* comme la « qualité d'une personne sincère », reconnaît pour synonymes « la bonne foi, la franchise, la loyauté, l'authenticité, l'absence de trucage ». La personne sincère est « disposée à reconnaître la vérité et à faire connaître ce qu'elle pense et sent réellement, sans consentir à se tromper soi-même ni à tromper les autres ». Étymologiquement, sincère a la même racine que « singulier » : est sincère celui qui parle d'une seule voix, qui émet des propos « réellement pensés ou sentis », et, surtout, « authentiques, non truqués ».

Il faut cependant éviter de confondre *la sincérité* avec *la vérité* : si la sincérité représente le degré d'adéquation entre le discours de la personne et ses représentations mentales, la vérité désigne l'exactitude, la justesse, la valeur de ses propos. Dans le cas des allégations d'abus sexuels, celles-ci peuvent apparaître vraisemblables, qu'elles soient fondées ou non. On peut être vibrant de sincérité – et donc convaincant – en relatant des faits non avérés et non prouvés : que l'on soit sincère n'empêche pas d'être dans l'erreur… qui n'est une erreur que lorsqu'elle est commise *de bonne foi.* L'erreur délibérée, assortie d'une mauvaise foi patente, n'est plus une erreur, mais une tromperie, un mensonge, voire, dans le cas d'une dénonciation, *une calomnie.*

L'exemple le plus probant de sincérité dans l'erreur est peut-être le délire : la conviction inébranlable, l'adhésion totale à sa croyance d'un sujet délirant repose sur un postulat de base erroné (« mes voisins m'en veulent et disent du mal de moi »). Pourtant, dans un tel cas, les « indices » en faveur de ce postulat sont parfaitement réels, observables et vérifiables (« j'entends des bruits de conversation en pleine nuit, du courrier a été dérobé dans ma boîte aux lettres, une voiture est systématiquement garée devant la porte de mon garage », etc.). Les constatations sont exactes, *seule leur interprétation est erronée.* Il n'y a plus de hasard, tout semble venir alimenter et prouver la conviction délirante. La souffrance du délirant persécuté ne fait aucun doute, et sa sincérité est évidemment absolue…

Dans le cas d'une fausse allégation, l'appréciation de la sincérité du parent dénonciateur repose malheureusement sur des critères essentiellement subjectifs – mais n'est-ce pas le propre de la sémiologie psychiatrique dans son ensemble ? Il suffit, pour s'en convaincre, de connaître la faible concordance diagnostique entre psychiatres : de nombreux travaux ont montré qu'un même patient, soumis à l'examen de différents psychiatres, fait généralement l'objet d'hypothèses diagnostiques divergentes. Il serait hors de propos d'analyser ici de façon détaillée les facteurs explicatifs de ces divergences : subjectivité d'une partie des signes recueillis par l'interrogatoire, modalités de recueil de ces signes, mais également sensibilités individuelles, appartenance du praticien à différentes écoles de pensée, etc. Ces divergences diagnostiques déterminent autant de stratégies thérapeutiques : elles sont donc lourdes de conséquences.

L'évaluation de la « bonne foi » de l'auteur d'une accusation ne fera pas exception, et sera, selon toute vraisemblance, très diversement appréciée d'un examinateur à l'autre : elle devra donc être particulièrement prudente, et ce d'autant plus que l'expertise psychiatrique, si elle est demandée, peut intervenir longtemps après le début du processus. Or, dans le cas d'une majoration, volontaire ou non, le récit modifié prend peu à peu le pas sur la réalité, par un phénomène d'autosuggestion favorisé par la répétition des auditions. Au stade de l'expertise du parent accusateur, lorsqu'elle a lieu, la conviction et le désarroi sont communicatifs, et la sincérité ne fait plus l'objet d'aucun doute. Les éléments qui entachent la crédibilité du récit ne sont plus le fait d'un manque de conviction, celle-ci s'étant nourrie et renforcée au fur et à mesure de l'évolution de la situation, et des innombrables narrations des « faits ». On peut légitimement supposer qu'il n'en serait pas exactement de même si la conviction et la sincérité du dénonciateur étaient évaluées au stade le plus précoce du processus (dès le dépôt de la plainte). Chose étrange, le fait de se demander si l'auteur d'une accusation est au moins convaincu de la réalité des faits qu'il dénonce ne semble pas être une démarche courante, moins encore systématique.

Dans les cas qui nous intéressent, l'évaluation de la sincérité est un critère fondamental d'appréciation. C'est évidemment au tout début du processus judiciaire, dans les heures ou les jours suivant les accusations, que devrait être pratiqué un bilan familial, avec examens psychologique et psychiatrique de *tous* les protagonistes (et non seulement ceux de la victime et de l'abuseur présumé). La mission de l'expert devrait systématiquement comporter la question du degré d'adhésion et de sincérité du parent dénonciateur, et des grands-parents lorsqu'ils sont partie prenante dans l'accusation.

La principale difficulté rencontrée dans cette évaluation tient aux accents de sincérité liés à l'atmosphère passionnelle, souvent haineuse, dans laquelle surviennent ces accusations. Cette passion (par opposition à la *raison*) alimente le discours, et lui donne sa tonalité si persuasive : en dupant les autres, l'auteur d'une dénonciation calomnieuse se dupe lui-même.

Dromard, cité par Louis-Paul Roure, expert psychiatre, dans son travail remarquable sur le mensonge et la simulation [1], décrit ainsi dans son *Essai sur la sincérité* [2] cette intégration progressive du mensonge ou de la fabulation à la réalité :

C'est à la faveur d'une suggestion en retour qu'on peut parvenir à duper autrui avec tout le naturel et l'habileté souhaitables. […] Un homme se sent dans l'erreur, mais, comme il se plaît dans cette situation, il se donne le change à lui-même et se persuade très positivement que

1. Louis-Paul Roure, *Le Mensonge et la Simulation, aspects psychiatriques et criminologiques de la sincérité*, Masson, 1996.
2. G. Dromard, *Essai sur la sincérité*, Félix Alcan, 1911.

cette erreur est une vérité. Il exploite dès lors sa propre illusion pour duper autrui ; et en même temps qu'il met à profit le mensonge, son esprit s'y enfonce davantage. Mieux encore, la crédulité de ceux qu'il abuse, le dupant en retour, consolide à ses propres yeux le système illusoire qui fait de son mensonge une réalité.

On ne saurait mieux dire…

… À la mauvaise foi

Bien entendu, cette distinction binaire entre bonne et mauvaise foi, entre sincérité et mensonge ou affabulation, peut être jugée simpliste et réductrice.

Pourtant, cette dichotomie doit rester présente a l'esprit du psychiatre comme du magistrat, afin de ne pas entretenir ou entériner la confusion actuelle au sujet des fausses allégations, parmi lesquelles – répétons-le – on doit impérativement s'efforcer de *distinguer les allégations erronées des accusations mensongères.*

Dans cette « échelle de sincérité », tous les degrés intermédiaires existent… sauf chez le très jeune enfant. On l'a vu, lorsqu'il est à l'origine de la révélation, il est souvent de bonne foi et *ment* rarement, au sens habituel de ce terme. *Mais cela ne signifie en aucun cas qu'il dit la vérité.* Il peut fabuler, se tromper, ou encore sa perception et son discours peuvent avoir été induits par un adulte. En revanche, quand l'adulte qui a la garde de l'enfant est à l'origine de la révélation, on peut tenter de situer la sincérité de son propos sur un axe imaginaire, entre deux pôles extrêmes : une sincérité absolue et une évidente mauvaise foi. Ces degrés intermédiaires, nous allons tenter d'en distinguer quelques-uns, afin de donner un aperçu de la diversité des situations et des motivations psychologiques à l'origine d'une même réalité : la fausse allégation d'abus sexuels.

N.B. : Il est évident que cette description n'a de sens que dans l'hypothèse de la fausse allégation. L'utilisation d'une « échelle » de sincérité de ce type ne serait d'aucune utilité dans le cas d'un inceste réel.

Les deux pôles extrêmes… et théoriques

• **La dénonciation erronée, sincère** (et non sous-tendue par la haine) s'accompagne d'une anxiété non simulée. L'adulte qui accuse l'autre *espère se tromper*, et se préoccupe avant tout de la protection de son enfant, à tous les sens du terme : physique (par l'éloignement du parent soupçonné), mais également psychologique (en s'inquiétant sur les conséquences à long terme de l'agression subie). Les agissements suspects ne font généralement pas l'objet d'une majoration, le doute, s'il existe, est perceptible dans le discours, il n'y a pas la même opiniâtreté dans la recherche de certificats ou d'attestations, pas le même sentiment de victoire quand peut être produite une « preuve » (par exemple, enregistrement sur bande magnétique d'une déclaration de l'enfant). Dans le cas où un expert judiciaire convoque simultanément le parent dénonciateur, l'abuseur présumé et sa victime, l'inquiétude exprimée par le parent protecteur reste modérée. Enfin, lorsque le processus judiciaire et les expertises concluent de façon formelle et suffisamment étayée à une erreur, le *soulagement* domine, même si les cicatrices psychologiques peuvent être longues à disparaître.

• **Le mensonge ou la mauvaise foi patente** définissent l'accusation mensongère, et sont parfois fortement suggérés par la chronologie des événements et des plaintes, et la montée en puissance des accusations : on peut alors parler d'une véritable « orchestration » des plaintes. La situation décrite ci-après est heureusement rarissime, mais elle existe, et il n'est plus possible de l'ignorer ou de continuer à la confondre avec d'autres.

Tout commence par un divorce très conflictuel, marqué dès le début par l'âpreté du conflit relatif à la garde de l'enfant, l'exercice de l'autorité parentale, le montant de la pension alimentaire, etc. De nombreuses plaintes ont déjà été déposées par les deux conjoints : non-représentation d'enfant (le parent qui a la garde s'oppose activement ou passivement à ce que l'autre puisse exercer son droit de visite), abandon de famille, etc. Celui qui a du mal à exercer son droit de visite a déjà été accusé de violence, d'abus d'alcool, ce qui a entraîné la suspension de ses droits parentaux. Lorsque les enquêtes et expertises ne permettent pas d'étayer les accusations (aucun geste violent n'a pu être prouvé, ni aucune trace clinique ou biologique d'alcoolisme décelée), le jour arrive enfin où est prononcé le rétablissement, ou l'élargissement, du droit de visite et d'hébergement. Cela est d'autant plus mal accepté qu'on avait retrouvé, à la maison, une certaine sérénité. Parfois, un nouveau conjoint partage l'existence de la mère.

C'est juste avant ce rétablissement du droit de visite que survient typiquement l'accusation mensongère, en général à la veille d'une audience chez un juge aux affaires familiales, où elle fait l'effet d'une bombe. Le parent accusateur exhibe victorieusement le certificat médical attestant de la probabilité de l'agression sexuelle.

Un enfant est dans un premier temps désigné comme la seule victime. L'accusation sera si nécessaire (classement sans suite, non-lieu) aggravée (d'attouchements sexuels en viol), ou encore étendue à d'autres membres de la fratrie, au détriment de toute vraisemblance. Des manœuvres dilatoires sont utilisées pour éviter, par exemple, la mise en présence lors de l'expertise de l'enfant et du parent mis en cause. Plus que la protection de l'enfant, le but clairement poursuivi semble être ici la sanction et l'éloignement durable ou définitif d'un conjoint haï.

Entre ces deux extrêmes, reste à apprécier le degré de sincérité du parent dénonciateur…

Si nous tentions de classer les situations les plus courantes, en fonction d'un degré de sincérité décroissant, nous pourrions principalement distinguer :

• L'imagination et le doute se conjuguent : ils se nourrissent mutuellement et se transforment peu à peu en certitude, avec le recueil progressif d'indices de plus en plus nombreux. La plainte n'intervient qu'après cette phase « d'incubation ».

• Le doute est artificiellement majoré et présenté en certitude : le parent accusateur se fonde sur quelques soupçons, à partir d'indices « objectifs », par exemple un érythème vulvaire chez une fillette. Mais ce qui est décrit comme un simple soupçon à la famille ou aux proches est présenté en certitude pour obtenir l'adhésion des différents intervenants et la mise en place de mesures de protection. Pour que l'inquiétude ressentie soit prise au sérieux, et pour que les enfants ne courent aucun risque supplémentaire, la réalité est déformée ou amplifiée. Dans d'autres domaines, les psychiatres emploient, pour désigner cette attitude de majoration volontaire, le terme de « sursimulation », qu'il faut bien distinguer de la *simulation* (qui, elle, relève de l'invention pure et simple).

• L'allégation est utilisée sans adhésion véritable du parent dénonciateur, pour protéger ses enfants… d'un autre danger. Le conjoint est réellement estimé malfaisant (cas d'un père alcoolique ou violent) : il y a *désir authentique de protection* des enfants mais *insincérité* du dénonciateur. Les griefs envers l'ex-mari sont jugés insuffisants pour l'éloigner durablement de l'enfant, ou encore difficilement démontrables, et ont été rapidement contrés ou annihilés par l'avocat de la partie adverse. Par exemple, personne n'a jamais vu cet homme ivre, moins encore violent, alors que la mère *sait* (pour l'avoir vécu) qu'il souffre par intermittence d'alcoolisme compulsif, qu'il ne contrôle plus sa violence lorsqu'il a bu, et elle se demande avec angoisse si cela peut arriver pendant un week-end en présence de l'enfant. Utilisant le soupçon d'inceste, elle désire avant tout que le danger couru par ses enfants ne soit pas sous-estimé. L'allégation est ici un moyen plus efficace, destiné à entraîner la mise en place rapide de mesures de protection.

• L'allégation est utilisée sans adhésion véritable du parent dénonciateur, mais celui-ci a un intérêt évident à évincer l'abuseur présumé.

Il faut évoquer le cas où celui-ci n'est pas le parent biologique, mais le nouveau compagnon de la mère, par exemple. Cette vie maritale et ce nouvel amour peuvent représenter, pour le père divorcé, une blessure narcissique intolérable, plus encore si le nouveau compagnon est admis et, pourquoi pas, aimé par ses enfants. Non seulement l'épouse a cessé de l'aimer et a souhaité le divorce, mais elle vit avec quelqu'un d'autre, qui « profite » des enfants, les câline, leur raconte une histoire le soir… jouit quotidiennement des petits bonheurs qui jalonnaient autrefois la vie familiale.

Dans ces situations, le parent dénonciateur est le plus souvent le père, qui accuse le beau-père d'agressions sexuelles sur la personne de l'enfant. Le grand-père maternel peut également être accusé, dans les cas non exceptionnels ou la femme divorcée retourne vivre chez ses parents.

La sincérité est particulièrement difficile à évaluer dans ce dernier cas de figure, où les fantasmes sont littéralement débridés. Ce sont avant tout une écoute bienveillante et de réelles capacités d'empathie qui permettront de mieux cerner la nature des craintes *réelles* de celui qui accuse.

Si tant de passion, tant de véhémence, et parfois de haine, apparaissent dans ce type de procédure, c'est bien sûr du fait de l'importance capitale de ce qui est en jeu (la protection d'un enfant abusé).

Mais certains cas rapportés dans ce livre le montrent : les fausses allégations répondent quelquefois à un traumatisme ancien, comme, par exemple, celui d'une femme elle-même victime d'inceste ou de viol. *Les dénonciations, qu'elles soient sincères ou non, ne sont pas susceptibles d'être émises par n'importe qui.* Aucune compréhension plus poussée de ce phénomène ne peut être raisonnablement espérée si l'on oublie que, souvent, « quelque chose » s'est antérieurement produit dans la biographie du dénonciateur. Il arrive ainsi qu'au cours d'une expertise on ait la chance de pouvoir déceler des éléments évocateurs d'un passé douloureux, et de fournir au magistrat, mais aussi à la personne que l'on examine, un début de réponse à ce qui est avant tout une souffrance psychologique intense.

Gendre contre belle-mère

Un conflit larvé opposant un jeune veuf et sa belle-mère. Une petite fille perturbée et un père de bonne foi.

Les réactions passionnelles d'Antoine, après la mort de Véronique, son épouse, l'ont conduit à soupçonner puis à accuser Bab, sa belle-mère, d'abus sexuels sur sa petite-fille.

Un drame qui unit une grand-mère et sa petite-fille

Quand Clarisse naît, Antoine et Véronique n'osent croire à leur bonheur. Dix ans après leur mariage, et au terme d'un long combat contre la stérilité, ils pensaient ne jamais être parents. Antoine est si heureux qu'il en oublie presque sa belle-mère, avec laquelle il est en conflit larvé depuis le début de sa relation avec Véronique. Son statut d'artiste peintre ne fait pas de lui le gendre idéal aux yeux de sa belle-famille, plutôt stricte et conventionnelle. Quatorze mois après la naissance de Clarisse, c'est le drame : leur moto dérape sur le verglas,

Véronique est tuée sur le coup, Antoine est grièvement blessé. Il ne reprend conscience que le lendemain à l'hôpital, où il apprend la mort de son épouse.

L'hospitalisation d'Antoine dure six semaines, pendant lesquelles Clarisse est hébergée chez « Bab », sa grand-mère maternelle, elle-même veuve. Des liens très forts se tissent alors entre cette femme et sa petite-fille, brutalement séparée de ses deux parents. Dès sa sortie de l'hôpital, Antoine récupère Clarisse et s'installe quelques mois à la campagne chez sa sœur et son beau-frère. Le père et la fille reprennent des forces dans une ambiance familiale chaleureuse avant de rentrer chez eux.

La grand-mère maternelle aimerait recevoir plus souvent chez elle sa petite-fille, à qui elle rend très régulièrement visite chez son gendre, mais a le sentiment que celui-ci fait obstacle à ce désir. Les tensions antérieures à la disparition de Véronique s'exacerbent. Antoine s'oppose clairement à ce que sa belle-mère accueille Clarisse, refus qui marque le début de l'aggravation du conflit familial.

Résolue à faire valoir ses droits, Bab assigne son gendre en justice. Elle réclame un droit d'hébergement de trois mois par an. Antoine, pour sa part, demande la limitation du droit de visite de sa belle-mère : il craint pour la santé physique et psychique de Clarisse, car, selon lui, « la grand-mère a la volonté de se substituer à sa fille décédée, et de nuire à l'image de son gendre ».

Mais, Antoine ne pouvant apporter la preuve de ses soupçons envers sa belle-mère, le tribunal se prononce en faveur d'un droit de visite et d'hébergement pour la grand-mère, limité toutefois à trois semaines par an.

« Ça me brûle, ça me brûle ! »

Après le premier séjour de Clarisse chez Bab, Antoine retrouve sa fille dans un état de douleur morale et physique qu'il qualifie d'intense : selon lui, la fillette se plaint d'avoir été blessée aux organes génitaux par sa grand-mère, alors qu'elle lui donnait son bain. Elle est raide, apeurée, et pleure tout au long du trajet de retour. La sœur d'Antoine, qui examine le sexe de l'enfant, le trouve « rouge vif ».

Un mois plus tard, à la suite d'un autre week-end passé chez sa grand-mère, Clarisse réitère ses plaintes. Antoine, bouleversé, l'emmène aux urgences pédiatriques. L'enfant hurle : « Ça me brûle, ça me brûle ! » Le pédiatre ne constate rien d'anormal. Clarisse accepte ensuite de se confier à un pédopsychiatre. Celui-ci l'interroge puis rédige une attestation, dans laquelle on peut lire :

Clarisse dessine la scène du bain, où elle se décrit dans la baignoire, avec à côté d'elle sa grand-mère ; elle dit que grand-mère « a fait bobo à Clarisse ». Elle refuse de dire où, mais désigne rapidement son propre sexe, puis, sur une poupée, montre clairement l'emplacement du sexe.

Le psychiatre :

— Avec quoi Bab a fait bobo ?

Clarisse :

— Avec une boule blanche.

— Comment ?

— Elle veut rentrer la boule dans moi.

— Que fait Clarisse quand Bab fait ça ?

— Elle pleure ; elle a pleuré, et elle l'a dit à son papa ; papa a grondé Bab.

— As-tu envie de revoir ta grand-mère ?

— Non.

— Pourquoi ?

— Parce que j'ai peur qu'elle me fasse bobo avec une boule.

— Comment elle te fait mal ?

— Elle me frotte très fort.

Clarisse précise que la boule est dans la salle de bains. Elle répond « oui » à la question : « Est-ce une boule de savon ? »

Antoine porte plainte contre Bab

Muni de cette attestation, Antoine se rend au commissariat, afin d'y déposer contre sa belle-mère une plainte dont la qualification est grave : « violences volontaires sur mineure par ascendant légitime ». Le praticien, interrogé par téléphone, déclare au commissaire qu'il est « tout à fait impossible, de par leur connotation sexuelle, que les déclarations de l'enfant lui aient été soufflées par un adulte ». Clarisse est, à l'époque, âgée de deux ans et demi.

Un an plus tard, le juge des enfants demande une expertise. Le contexte est encore plus conflictuel : les relations familiales se sont gravement détériorées et l'escalade procédurière semble irréversible. Le juge aux affaires familiales a suspendu tout droit de visite au détriment de la grand-mère, et Bab a assigné son gendre pour non-représentation d'enfant.

Un premier rendez-vous avec l'expert est annulé en raison d'un malaise cardiaque d'Antoine. Le mois suivant, l'anxiété intense de Clarisse contraint à écourter le premier entretien : son père n'ayant pas osé la prévenir de la nature de ce rendez-vous, lui disant simplement qu'ils allaient ensemble chez un médecin, la petite fille s'est sentie prise au piège lorsqu'elle l'a entendu relater l'accident, parler des relations avec sa grand-mère maternelle… Blottie contre son papa, pleurant à chaudes larmes, elle n'a osé ni regarder l'expert ni répondre à ses questions. Lors d'un troisième rendez-vous, la présence de Juliette, l'une des nièces d'Antoine, ayant contribué à rassurer l'enfant, le père et sa fille ont pu être entendus longuement.

Portrait d'Antoine, père et mère à la fois

Antoine s'exprime avec aisance et se réfère souvent à des connaissances d'ordre psychologique et psychanalytique. Son calme et sa patience dissimulent mal une tension intérieure, justifiée par l'enjeu de l'expertise et par ses craintes au sujet de Clarisse. Il a de temps en temps des difficultés de concentration, mais ne semble pas déprimé : certes il est triste (comment ne le serait-il pas ?), mais il conserve une bonne estime de lui-même, est relativement actif, et fait des projets. Par exemple, il a entrepris d'importants travaux dans son atelier, et se sent capable de terminer l'aménagement de la maison dans laquelle il vivait avec sa femme.

Après la mort de Véronique, il s'est demandé s'il pourrait survivre à l'accident « sur un plan moral comme sur un plan physique » : trois mois après ce drame, il a en effet souffert de troubles du rythme cardiaque, éprouvant quelquefois le sentiment paniquant d'une mort imminente, mais il n'a pas connu de périodes dépressives. Il explique qu'une souffrance aussi intense l'a obligé à relativiser ses souffrances passées : « Je me suis senti mis en demeure d'aller bien, pour l'épanouissement de ma fille. »

Antoine a tendance à une introspection parfois douloureuse, à « ruminer » les propos qu'il juge blessants ou humiliants ; ces difficultés à exprimer ses réactions, en réponse à une agression, renforcent une susceptibilité naturelle.

Après son veuvage, il a éprouvé le besoin d'être soutenu par un psychiatre, qu'il voit encore régulièrement. Ainsi, quand Clarisse l'a questionné sur les circonstances de la mort de sa maman, il a pu apporter des réponses adaptées à l'âge de la fillette. Avant la mort de sa femme, il avait déjà traversé des phases dépressives et entrepris plusieurs années auparavant une psychanalyse, pour « faire un travail sur lui-même ». Il a connu quelques fluctuations de l'humeur, nécessitant parfois un traitement antidépresseur, mais ces ruptures dépressives, d'une intensité modérée, n'ont pas nécessité d'arrêt de travail ou d'hospitalisation, et Antoine n'a jamais pensé au suicide.

Clarisse, heureuse et coquette

Pendant l'entretien entre son papa et l'expert, Clarisse jouait dans la salle d'attente avec sa cousine : on pouvait les entendre rire aux éclats. Une fois dans le bureau de l'expert, elle s'est montrée beaucoup moins réservée que la fois précédente, observant son interlocuteur à la dérobée, le « jaugeant » littéralement. Lors de l'entretien, elle répondra aux questions avec un humour et une coquetterie qui en disent long sur son épanouissement psychoaffectif, mais elle refusera d'évoquer les attouchements qu'elle aurait subis. Le développement psychomoteur de l'enfant semble normal, avec une acquisition précoce du langage. Elle s'intéresse à quantité de choses : elle aime danser, chanter, feuilleter des livres, peindre et dessiner. Ses dessins sont, pour la plupart, gais, colorés et variés.

Immédiatement après la disparition de sa mère, Antoine a noté chez elle une forte anxiété de séparation. Elle avait alors quatorze mois et ne se séparait jamais de son biberon, devenu son objet transitionnel. Elle n'a pas pu intégrer la petite section d'école maternelle, bien qu'elle en ait eu envie.

Mais, lors de l'expertise – Clarisse a alors trois ans et demi –, l'enfant se sent capable d'affronter la rentrée en maternelle.

Un père sincère, une allégation peu crédible

La relation entre Clarisse et son papa semble empreinte de tendresse et de complicité. Antoine se montre à la fois doux, affectueux et attentif avec sa petite fille, véritablement maternant. Il a su répondre à ses angoisses après l'accident, et lui éviter toute régression sur le plan psychoaffectif. Il a été capable de satisfaire ses besoins affectifs, ce dont témoigne l'épanouissement de Clarisse en dépit d'une histoire aussi tragique.

Dans le compte rendu qu'il présente au tribunal, l'expert se prononce sur le manque global de crédibilité des allégations d'Antoine. Mais il précise que dans l'hypothèse – probable – où ses impressions auraient eu des fondements erronés, sa sincérité semble ne faire aucun doute. Sa compétence parentale est bonne. Son autorité affectueuse assure à Clarisse un épanouissement dans un cadre rassurant et équilibrant. Par ailleurs, empli de désarroi, anxieux, il a des difficultés à expliquer le comportement de sa belle-mère, mais ne donne à aucun moment l'impression de majorer ou de

« charger » son discours pour le rendre plus crédible. Il se borne à décrire la souffrance de sa fille, sans accuser directement la grand-mère. Que ses craintes aient été réelles ou fantasmées, Antoine perçoit vraiment Bab comme potentiellement toxique pour Clarisse.

Comme des conjoints qui se déchirent

Comment interpréter ce cas ? Nul doute que la petite fille, fragilisée par la mort de sa mère, a souffert de l'anxiété de son père et du conflit familial. On peut imaginer que, lorsque sa grand-mère l'a blessée ou griffée en la lavant, l'angoisse de son père et l'examen aux urgences pédiatriques ont contribué à affoler l'enfant. Peu à peu, les allégations et le discours de la fillette ont pris corps.

Selon Antoine, Bab l'aurait à plusieurs reprises dénigré auprès de Clarisse, l'accusant par exemple de ne pas avoir aimé sa mère, ou encore d'être responsable de sa mort. Si Clarisse a réellement entendu de tels propos, elle a pu se sentir dangereusement menacée par le désir inconscient de sa grand-mère de nuire à celui qui représentait désormais son unique protection. L'adhésion au discours et aux craintes exprimés par son père peut être comprise comme un tacite serment d'allégeance de l'enfant, vivant dans l'angoisse de l'abandon.

Bab a commis l'erreur de revendiquer, de façon procédurière et sans conteste excessive, son statut légitime de grand-mère, au lieu de faire confiance au temps. Sa demande d'attribution d'un droit d'hébergement de trois mois par an a constitué, aux yeux de son gendre, une déclaration de guerre, une mise en cause implicite de ses capacités à élever son enfant. On peut facilement concevoir l'agressivité, consciente ou non, de cette femme contre son gendre qu'elle juge responsable de la mort de sa fille. Un certain nombre de conditions psychologiques étaient donc réunies pour que puissent surgir un soupçon puis une accusation d'abus sexuels.

La question de l'organisation des relations futures avec la grand-mère maternelle pose un réel problème. Antoine dit ne pas souhaiter une rupture totale, pour l'équilibre affectif et l'avenir de Clarisse. Mais leurs rapports sont trop chargés d'agressivité pour leur permettre de trouver un arrangement amiable. Il appartient donc à la justice d'en définir le cadre.

Ici, gendre et belle-mère ont tous deux perturbé l'équilibre de l'enfant : l'un dénonçant une agression sexuelle vraisemblablement imaginaire, l'autre revendiquant des droits excessifs sur l'enfant.

Tous deux veufs, ils se sont comportés comme deux conjoints qui se déchirent, mettant en péril l'équilibre d'une petite fille qu'ils voulaient pourtant sincèrement préserver.

L'escalade

Une succession de plaintes peu crédibles.
Un père mis hors de cause par la justice, mais pas par son ex-femme.

L'expertise psychiatrique de ce couple a été demandée par un JAF environ deux ans avant les allégations mensongères d'abus sexuels portées à l'encontre de Patrick. Mais ses conclusions étaient prémonitoires, qui soulignaient l'âpreté du combat : Agnès ne voulait pas entendre parler d'un « partage » des enfants. Elle est allée jusqu'au bout de sa logique.

Cette affaire illustre parfaitement la démesure dans laquelle peuvent basculer les deux protagonistes d'un divorce particulièrement conflictuel, marqué dès son début par un affrontement au sujet de la garde des enfants, et une plainte pour viol déposée par Agnès à l'encontre de son mari Patrick, quelques mois après leur séparation.

Il s'agit d'un cas particulièrement démonstratif, en ce sens qu'il contenait en germe, dès le début du divorce, l'ensemble des « facteurs de risques » : on aurait presque pu anticiper l'allégation d'abus sexuels…

Si personne n'a jamais été dupe des accusations d'Agnès (toutes les plaintes ont successivement été classées sans suite), l'œuvre de destruction a parfaitement fonctionné. Dès le début du processus, Patrick a vu son droit de visite et d'hébergement suspendu.

Première rupture à cause d'un chat

Née dans un milieu modeste – son père est agriculteur et sa mère sans emploi –, Agnès est la cadette d'une famille de trois enfants. Ses parents sont unis, même s'ils se sont séparés quatre ans pour se remarier ensuite. Après un cycle d'études relativement court (un DUT de mathématiques, effectué grâce à l'obtention d'une bourse), Agnès quitte sa région natale pour la région parisienne, obtient sa maîtrise et entre dans la vie active à vingt-deux ans. Elle rencontre son futur mari un an plus tard, sur son lieu de travail ; leur relation, d'abord amicale, devient amoureuse en quelques mois. Agnès a eu auparavant plusieurs aventures avec des hommes en général plus âgés qu'elle.

Né au Chili, Patrick a grandi dans un milieu protégé, ses parents étant tous deux issus de familles très aisées. Arrivé en France à l'âge de dix ans, il a commencé sa scolarité au cours élémentaire en apprenant le français. À treize ans il intégrera pourtant une 4e d'éveil, obtenant d'excellents résultats scolaires.

Avant de rencontrer Agnès, il n'a pas connu d'autre

femme, expliquant qu'il souhaitait « privilégier les études ». Il serait toujours resté fidèle à Agnès.

La jeune femme parle la première de mariage ; auparavant, un début de vie commune a échoué : Patrick ne supportait pas le chat de sa future épouse. Plutôt que de se séparer de l'animal, Agnès a préféré congédier son partenaire. Patrick a réintégré le domicile un mois plus tard, prêt cette fois à accepter le chat…

Après leur mariage, leur vie sexuelle n'est pas des plus épanouies. Agnès se définit comme une « cérébrale », peu sensuelle, sans grand besoin sexuel et en rend son mari responsable. Plusieurs mois avant leur séparation, ils décident de faire chambre à part.

Le couple a deux enfants : un garçon, Thomas, et une fille, Amélie. Patrick tient à les élever selon certains principes, conformes à ceux de sa propre famille : vénération des parents, respect des aînés, absence de permissivité.

La plainte pour viol

Un an avant le divorce, Agnès exprime déjà sa volonté de quitter Patrick ; elle y renonce à la demande pressante de son mari, qui promet de tout faire pour s'améliorer. Ce qu'elle lui reproche ? Sa dureté envers leurs enfants, principalement l'aîné. En quelques mois, Patrick tente de s'assouplir, tolérant même les horaires et l'hyperinvestissement dans son travail de son épouse.

Mais l'évolution de la situation professionnelle des conjoints exacerbe leurs conflits : Agnès travaille de plus en plus ; on lui confie de lourdes responsabilités, tandis que l'activité de Patrick, à la tête d'une entreprise dont il est l'unique salarié – il est expert-comptable –, diminue depuis deux ans. La situation se dégrade encore et, quatorze ans après leur mariage, Agnès demande le divorce, insistant sur la souffrance de son fils aîné. Les enfants ont alors onze et six ans.

La liaison d'Agnès avec Jérôme, un de ses collègues, est révélée dès la séparation. Celui-ci prend rapidement une importance considérable aux yeux des enfants, Amélie déclarant même à l'expert : « Jérôme est mon nouveau papa, il dort dans le lit de maman. » L'ordonnance de non-conciliation entre les époux attribue à la mère la garde des enfants, mais maintient l'autorité parentale conjointe, alors qu'Agnès sollicitait l'autorité parentale exclusive.

Patrick dispose d'un libre droit de visite et d'hébergement : mais, du fait de l'âge de Thomas et des difficultés particulières de ses relations avec son père, ce droit ne peut s'exercer qu'avec l'accord de l'enfant.

Ce jugement ne satisfait guère Agnès. Peu de temps après qu'il a été rendu, elle porte plainte pour viol : en ramenant Thomas chez sa mère, un dimanche matin, Patrick aurait abusé d'elle après l'avoir droguée. Agnès ne garde aucun souvenir du « viol », cette amnésie s'étendant à la journée suivante, mais elle en aurait eu la « preuve » à son réveil, grâce à une serviette de toilette que le couple avait l'habitude d'utiliser après leurs relations sexuelles.

À la suite de cette plainte, l'avocat d'Agnès demande la suspension du droit de visite du père. C'est à l'hôpital – où il vient d'être opéré d'une hernie – que Patrick apprend, par les gendarmes, l'existence de cette plainte. Il reconnaît la relation sexuelle avec son épouse, mais nie formellement – y compris lors de la confrontation à la gendarmerie, quinze jours plus tard – l'avoir droguée ou avoir abusé d'elle.

Recevoir la visite des gendarmes à l'hôpital et se voir accuser d'un crime qui relève de la Cour d'assises est une difficile épreuve. La plainte d'Agnès est pourtant entachée de nombreux éléments qui la rendent peu crédible… aux yeux mêmes de la gendarmerie. L'un des gendarmes a mentionné dans son rapport que, quelques instants après avoir fait sa déposition, Agnès a été aperçue en compagnie d'une amie, « riant de bon cœur ». La suite de l'enquête ne fait que renforcer le doute, et aucune preuve ne peut être établie. Le juge aux affaires familiales demande alors l'expertise psychiatrique de cette famille, afin d'obtenir un avis sur la mesure de l'exercice de l'autorité parentale et sur les modalités des droits de visite et d'hébergement les plus favorables à l'intérêt des enfants. Rappelons que cette expertise, résumée ci-après, a eu lieu un an environ avant les allégations d'inceste.

Portrait d'Agnès en maîtresse femme…

Agnès est une jeune femme à l'allure énergique. Ses traits accusent une certaine dureté qui s'estompe une fois le contact établi, notamment en présence de ses enfants. Elle s'exprime avec une aisance qui masque mal une certaine raideur perceptible dans la posture, la gestuelle, et dans la psychorigidité de ses jugements. Consciente de cet aspect de sa personnalité, Agnès affirme cependant avoir beaucoup évolué depuis la naissance de Thomas : elle se dit aujourd'hui « plus tolérante, plus souple », mais se présente volontiers comme le pôle dominant du couple, soulignant qu'elle est à l'origine des décisions importantes de la vie familiale : vie commune, mariage, achat de la maison, grossesses.

Agnès conçoit que la virilité de son mari était probablement menacée par une telle force de caractère et son autoritarisme – ce que confirmera Patrick. Si elle souligne d'emblée le contraste entre son milieu d'origine et celui de son mari, la jeune femme revendique une formation plus poussée que celle de Patrick, ce qui alimente chez lui un sentiment d'infériorité.

Elle déplore les principes d'éducation de son mari, qu'elle juge « rétrogrades ». À l'origine de sa volonté de divorcer, il y aurait la découverte de ces lettres de Thomas ; lettres adressées à son père et à sa sœur, qui trahissent une grande souffrance psychologique. L'enfant y exprime des sentiments d'humiliation et d'autodépréciation ; il se traite de « connard » (insulte que son père reconnaît avoir employée dans des moments de colère) ou encore de « pédé » (insulte que Patrick nie avoir jamais proférée). Aux yeux d'Agnès, certains comportements de son mari sont inadaptés : autoritaire et despotique envers Thomas, il se montrerait laxiste envers Amélie. Thomas vit douloureusement cette différence d'attitude – sa mère précise que le comportement du père était à peu près identique avec Thomas quand l'enfant était plus petit.

Elle reproche en outre à Patrick de trop impliquer leurs enfants dans le conflit, comme lorsqu'il dit à Amélie que sa mère l'a « abandonné » ou encore lorsqu'il fait porter à Thomas la responsabilité du divorce.

Devant l'expert, le comportement d'Agnès est ambigu. Sa modestie feinte et sa réserve dissimulent mal l'importance excessive attachée à sa personne, la surestimation de soi et un orgueil certain.

En témoignent ces « portraits psychologiques » d'elle et de son mari, dans lesquels Agnès a dressé au fil des ans la liste de leurs qualités et défauts respectifs. Elle s'y prétend sujette à une certaine « faiblesse » dans le couple et se décrit comme « trop confiante » envers les autres, tandis que les rares défauts qu'elle se reconnaît (« émotive, entière, perfectionniste ») peuvent être compris comme autant de qualités.

À l'inverse, ceux attribués à son mari sont nombreux et parfois plus proches de l'injure que de l'analyse de caractère : « menteur, sournois, imbu de lui-même ».

L'absence d'objectivité de ce « tableau comparatif » illustre bien davantage l'incapacité d'autocritique – ou la mauvaise foi – que les causes profondes d'une mésentente conjugale.

Par ailleurs, les compétences maternelles d'Agnès semblent bonnes : elle se montre chaleureuse et spontanée avec ses enfants, qui expriment volontiers leur tendresse et leur amour pour leur maman ; elle est visiblement capable de les sécuriser, y compris dans une situation aussi délicate qu'une expertise.

... et de Patrick en homme au foyer

Patrick, assez raide, ne se laisse aller en entretien à aucune familiarité. Sa personnalité présente de nombreuses similitudes avec celle de son épouse : rigide, susceptible, méfiant, autoritariste, perfectionniste. Comme chez Agnès, ses traits de caractère pourraient constituer presque autant de qualités : perfectionnisme, rigueur intellectuelle, sens profond de la justice et de la morale. Mais leur inflexibilité paraît pathologique : la rigueur devient alors de la psychorigidité ; le respect des valeurs morales prend l'allure d'un moralisme intransigeant ; le sentiment d'être victime d'une injustice peut frôler la persécution. Il admet volontiers être irascible, autoritaire et d'un perfectionnisme difficile à supporter par les autres.

Patrick insiste sur l'atteinte portée à sa virilité dans le fonctionnement conjugal : « Nous sommes un couple inversé », dit-il. Il explique que, de fait, il assure seul l'ensemble des tâches domestiques plus habituellement « féminines » : ménage, courses, enfants… Il cuisinerait très bien, ayant hérité du savoir-faire de sa mère. C'est lui qui accompagne et va chercher ses enfants à l'école ; il les garde le mercredi pendant que sa femme « ne pense qu'à sa carrière et gagne plus d'argent ». Il a parfaitement assumé cette situation avant l'époque conflictuelle, se dévouant totalement au bien-être des siens : « Quand Agnès rentrait, elle n'avait plus qu'à mettre les pieds sous la table, les enfants étaient baignés, le dîner était prêt. »

Le couple était initialement très uni. Cherchant à expliquer la dégradation de leur relation, Patrick se demande si l'amour que pouvait lui porter sa femme a jamais existé, et si Jérôme, l'amant d'Agnès, ne serait pas le seul homme qu'elle ait aimé. Il déplore également le matérialisme forcené de sa femme, et la façon dont elle se serait déjà approprié une grande partie de leurs biens communs.

Enfin, sur le plan de sa relation avec ses enfants, il reconnaît les difficultés rencontrées avec Thomas, et le caractère excessif de ses accès de colère ; mais il n'a jamais été physiquement violent envers lui, ce que confirmera Thomas. Enfin, il s'interroge sur la capacité d'Agnès à assumer, au quotidien, la garde des enfants : elle ne cuisinerait jamais, et abuserait parfois de l'alcool.

Il regrette que sa femme tolère qu'il se fasse insulter par Thomas et Amélie, mais semble avoir renoncé à obtenir de ses enfants le respect qu'il en espérait : « Je ferme ma gueule », dit-il d'un ton résigné. En fait, Patrick souffre de se sentir sans cesse infériorisé : à la maison, on l'a vu, mais aussi professionnellement, par rapport à ses clients auxquels, en tant que conseil, il doit « dire perpétuellement amen ». Ce sentiment d'être dépossédé du pouvoir auquel il aspire explique en partie ses colères excessives et la caricature d'autorité par lesquelles il tente avec maladresse de s'imposer auprès de sa femme et de ses enfants.

L'intolérance extrême à l'injustice et au mensonge entretient chez lui une sorte d'hypervigilance permanente, une attitude souvent défensive : il tient des propos accusateurs – quelquefois à la limite du sentiment de persécution –, comme quand il accuse de faute professionnelle le chirurgien qui l'a opéré d'une hernie (« il a failli me tuer »), ou quand il dénonce le caractère mensonger des attestations de collègues produites par son épouse.

Patrick dit posséder un grand sens de l'honneur, de la dignité, de l'engagement et de la parole donnée ; pour lui, celle-ci a plus de valeur qu'une trace écrite ; paradoxe chez cet homme dont la méfiance est manifeste.

« C'est maman qui commande »

Le rendez-vous avec les enfants sera décisif. Thomas a onze ans au moment de l'expertise ; il vient d'entrer en 5e. Il a l'air calme et réservé, un peu impressionné par la situation d'entretien. Amélie, cinq ans, est en grande section de maternelle. En apparence beaucoup plus intimidée que son frère, elle semble néanmoins consciente de l'enjeu et se laisse aller après un temps relativement bref de mise en confiance. Elle parlera moins que Thomas, comme si elle préférait s'en remettre à son grand frère dans ces discussions éprouvantes.

Les deux enfants décrivent une même réalité : selon Thomas, le point fort du couple de leurs parents serait... leur passion commune pour l'informatique. Leur père prend davantage en charge les tâches ménagères et domestiques, tandis que leur mère les accompagne plus souvent dans leurs distractions et joue avec eux le soir.

Amélie affirme sans hésiter : « C'est maman qui commande. » Thomas décrit son père comme « voulant souvent avoir raison », et éprouve un douloureux sentiment d'injustice quand il « donne toujours raison à Amélie parce qu'elle est plus petite ». Il ajoute que son père l'a parfois insulté mais jamais traité de « pédé », insulte figurant pourtant dans les lettres découvertes par sa maman.

L'enfant a bien accepté la séparation. Il espère qu'après le divorce « la bagarre cessera et que ses parents s'entendront mieux ». D'ailleurs, sa relation avec son père s'est améliorée depuis. Thomas n'a ni troubles du sommeil ou de l'appétit ; les tics constatés auparavant ont disparu. Il travaille mieux en classe et obtient même d'excellents résultats. Thomas désire que ses visites à son père se passent bien : ce seul souhait semble témoigner du fait qu'il redoute le contraire. Il téléphonera d'ailleurs quelques jours plus tard à l'expert pour préciser, à propos du droit de visite, qu'il désire être libre d'accompagner ou non Amélie pendant les week-ends passés chez son père : on peut s'interroger sur la spontanéité d'une telle initiative.

Quant à la petite fille, elle dort bien... dans le lit de sa maman, habitude prise quelque temps avant la séparation. Elle ne présente ni tristesse ni symptôme dépressif, et semble s'adapter à la situation dont elle perçoit aussi l'aspect positif.

Les grands-parents maternels paraissent à la fois plus présents et plus investis par les deux enfants. Et Amélie et Thomas aiment beaucoup « l'ami Jérôme », qui joue volontiers avec eux, se montrant affectueux, disponible et drôle.

Une expertise psychiatrique « pour avis »

Après avoir longuement entendu individuellement les parents et les enfants, l'expert estime que la décision de laisser à Agnès la garde de ses enfants, ainsi que la jouissance du domicile conjugal afin de ne pas les déstabiliser davantage, apparaît tout à fait logique.

De même, il est indispensable que les deux parents continuent à exercer l'autorité parentale de façon conjointe. En revanche, il n'est pas souhaitable, comme le demande Agnès, et peut-être l'enfant lui-même, de laisser à Thomas l'appréciation du droit de visite de son père. Une telle décision irait à l'encontre des objectifs recherchés, confortant Thomas dans son sentiment d'être « mal aimé » par son père et le mettant parfois, pour se « protéger », en situation de lui refuser son droit de visite. Citons brièvement le rapport d'expertise :

Patrick est capable de donner beaucoup à ses enfants : laissons-lui une chance de rétablir de meilleurs liens avec eux, ce qu'il a d'ailleurs commencé à faire depuis la séparation. Le dispositif de visite et d'hébergement adopté jusque-là peut donc être maintenu, le rythme des visites étant, dans un premier temps, identique pour Thomas et Amélie.

Le rapport d'expertise se prononçant en faveur du maintien du droit de visite et d'hébergement parvient aux conjoints quelques jours seulement après le classement sans suite de la plainte pour viol déposée par Agnès, dans laquelle son avocat réclamait une sanction sévère : la déchéance de l'autorité parentale pour Patrick. La survenue quasi simultanée de ces deux événements pousse Agnès à demander un report d'audience, l'ensemble de sa stratégie offensive se trouvant contrarié. C'est à l'audience suivante, différée de deux mois, que survient l'allégation d'abus sexuels sur Amélie. Elle vaudra à Patrick une garde à vue et un interrogatoire traumatisants à la brigade des mineurs ainsi que la suspension immédiate de tout droit de visite et d'hébergement de ses deux enfants... qu'Agnès n'avait pu obtenir par sa plainte précédente.

Les conclusions de l'expertise étaient presque prémonitoires : elles soulignaient l'âpreté du combat entre deux personnalités présentant d'importantes analogies, toutes deux structurées sur un mode paranoïaque.

Chez les deux conjoints, le niveau intellectuel est très supérieur à la moyenne. Ils font tous deux appel à leur passion pour l'informatique afin d'accuser l'autre. Patrick notait sur son ordinateur les déplacements quotidiens de sa femme pour démontrer son dévouement paternel et sa capacité à s'occuper de ses enfants.

Agnès faisait l'inventaire – également sur sa machine – des sorties avec ses enfants en trois ans, arrivant au score « écrasant » de 81 % (présence de maman) contre 19 % (présence de papa). Comme le remarque Patrick, sincèrement révolté : « Ces chiffres veulent-ils dire que j'ai donné à mes enfants 19 % de l'amour parental ? »

Les événements semblent montrer que le comportement de Patrick est plus clairement pathologique, et en tout cas toxique pour les enfants (colères excessives imprévisibles, tendances « caractérielles », affirmation sans nuances de son autorité, absence d'écoute). Il faut évidemment s'interroger sur l'objectivité d'une telle description, et la pondérer par le fait que les traits de caractère de Patrick se trouvent exacerbés par les particularités de la relation conjugale.

Des retrouvailles difficiles

Aujourd'hui, au terme d'une longue procédure et innocenté par deux classements sans suite, Patrick a été autorisé par le juge des enfants à rencontrer sa fille deux heures tous les quinze jours, dans un « point-rencontre », sous le contrôle d'un éducateur. Décision « logique » : il s'agit de respecter une certaine progression dans le rétablissement des droits paternels, afin de ne pas infliger à la fillette un traumatisme psychologique supplémentaire.

Au moment des « retrouvailles », Patrick a mis quelques instants à reconnaître sa fille parmi les autres enfants de ce point-rencontre : il ne l'avait pas vue depuis plus de deux ans, et elle avait beaucoup changé…

Amélie s'est cependant jetée dans ses bras, et aurait murmuré en l'embrassant : « C'est maman qui m'empêchait de te voir. » De son côté, Thomas refuse encore de voir son père…

Agnès prétend maintenant qu'Amélie est perturbée après chaque visite de son père. Elle n'a plus d'autre ressource, et ne peut guère déposer d'autres plaintes, car elle est désormais connue de plusieurs juridictions et de nombreux magistrats. Le juge des enfants n'est pas dupe, et lui a tenu un discours très ferme.

Patrick a observé qu'Amélie, sur son cahier d'école, ne se désigne plus par son nom à lui, mais par le nom de jeune fille de sa mère, comme si ce père avait été purement et simplement « effacé » de l'existence de son enfant.

Il a demandé la garde de ses enfants.

Inceste et pédophilie

Inceste, pédophilie... Des termes galvaudés depuis le début des années 90. Leur amalgame fréquent suscite aujourd'hui une angoisse collective.

Commençons par bousculer quelques idées reçues :

— Que dit le code pénal sur l'inceste et la pédophilie ? Rien : il s'agit de concepts psychiatriques, et non juridiques. Seuls figurent explicitement dans le code les agressions sexuelles et/ou les viols, les abus et les sévices sexuels à enfant, punis par des peines de prison lourdement majorées lorsqu'ils sont commis par un « ascendant ayant autorité ».

— Un père incestueux ou abuseur n'est pas nécessairement pédophile.

Les pères incestueux sont souvent des hommes faibles, immatures, qui choisissent l'enfant « par défaut », jouant d'une relation d'emprise, et exerçant sur lui un pouvoir de « séduction » dont ils ne jouissent pas avec leur partenaire habituelle. Lorsqu'ils vivent seuls, veufs ou divorcés, ces pères peuvent se comporter avec leur fille adolescente comme avec une seconde femme, et construire avec elle un simulacre de couple.

Ils ne songeraient pas à assouvir leurs pulsions sexuelles avec un enfant prépubère : ils ne sont pas pédophiles.

— Le pédophile, quant à lui, n'est pas forcément incestueux. Un pédophile ne « touche » généralement pas à ses propres enfants.

Un « penchant érotique pour les enfants »

La plus ancienne définition de la pédophilie est celle de Krafft-Ebing, psychiatre et criminologue du XIXe siècle, qui semble avoir créé le terme. Dans sa *Psychopathia Sexualis* [1], ce précurseur de la sexologie moderne a établi un inventaire de toutes les « bizarreries » ou perversions sexuelles. Il y définit la « pédophilie érotique » comme un « penchant érotique pour les enfants ». Il va de soi qu'une telle terminologie est extrêment choquante pour des parents dont l'enfant aurait été victime de sévices sexuels ou, plus rarement, d'actes de barbarie de la part d'un pédophile.

Le mot « pédophilie » est issu du grec. Étymologiquement, il signifie « amour – attirance – pour l'enfant ». Se limiter à cette définition serait un dangereux non-sens, et reviendrait à assimiler tendresse et éprouvé érotique : une mère serait alors par essence pédophile, lorsqu'elle exprime le plaisir qu'elle éprouve dans les échanges sensoriels, pour ne pas dire sensuels, avec son bébé. On doit pouvoir, sans crainte, prodiguer librement sa tendresse à son bébé, et il est déplorable que l'hypervigilance actuelle jette parfois le trouble sur un échange aussi fondamental, en l'assimilant outrageusement à un comportement suspect. Les pédopsychiatres le savent, pour soigner

---

1. La traduction française a été publiée par Payot en 1931.

quotidiennement des enfants à qui toute tendresse a fait défaut, et qui s'en trouvent lourdement pénalisés dans leurs possibilités d'épanouissement futur.

Le concept de pédophilie est sujet à d'autres ambiguïtés sémantiques, qui peuvent faire le jeu des agresseurs sexuels ou au contraire alimenter un climat passionnel susceptible d'aveugler individus et institutions.

Le terme même d'abus sexuel vient de l'anglais *abuse*, qui signifie « maltraiter, malmener, infliger de mauvais traitements ». Traduit en français, il perd de sa force : le terme « abus » met l'accent sur la duperie, l'escroquerie morale, au risque de diminuer la portée du concept. Il faut donc lui préférer le terme d'« agression sexuelle », qui recouvre bien mieux la réalité clinique et psychologique des sévices sexuels infligés à des mineurs.

En dehors de ces nuances sémantiques, il faut également souligner l'évolution des mentalités, et les excès liés à la rapidité et à la brutalité de cette évolution. Longtemps, la société s'est montrée « tolérante » : certains écrivains ou artistes, ouvertement pédophiles, se voyaient régulièrement conviés à des émissions littéraires ou artistiques. Qui prendrait aujourd'hui le risque de les inviter sur un plateau de télévision ?

Lorsqu'on évoque l'univers de la pédophilie, plusieurs images viennent spontanément à l'esprit : les monstres, tueurs d'enfants dont le niveau de sadisme dépasse l'entendement. Ces pédophiles meurtriers, « pédoclastes » (étymologiquement : qui détruisent l'enfant), sont heureusement peu nombreux, même si l'épouvante qu'ils suscitent leur donne une place importante dans l'actualité. Autre image : celle d'un homme inhibé sexuellement, physiquement complexé, cliché de l'inconnu offrant des bonbons à la sortie de l'école...

Pourtant, dans la plupart des cas, les pédophiles ne ressemblent à aucune de ces caricatures. Il s'agit d'hommes en apparence « normaux », y compris sur le plan social : insertion socioprofessionnelle, statut marital, enfants… Ces hommes, au-dessus de tout soupçon, au moralisme parfois rigide, ne sont pas repérés comme pathologiques ou déviants par leur entourage : ils sont, en quelque sorte, normaux en tout… excepté dans leurs fantasmes sexuels – mais qui les affiche ? Ils en souffrent et, même s'ils ne se sentent pas malades, ils se perçoivent différents, conscients des dangers qu'ils font courir aux autres et qu'ils encourent eux-mêmes.

On distingue les pédophilies exclusives (qui s'accompagnent d'impuissance avec des partenaires adultes ou sexuellement matures) des pédophilies non exclusives (avec possibilité de relations sexuelles entre adultes). L'orientation peut être hétérosexuelle ou bisexuelle, ou encore, plus rarement, homosexuelle. La pédophilie peut être extrafamiliale ou intrafamiliale.

Toute la palette des personnalités et des structures psychologiques (névrotiques, psychotiques, perverses) a été décrite chez les pédophiles. Schématiquement, on peut rencontrer des formes secondaires à une maladie mentale, ou des formes primaires et chroniques, les plus fréquentes. Dans ce dernier cas, l'individu a toujours perçu en lui la présence de fantasmes sexuels mettant en scène des enfants.

« Pédophile d'un jour, pédophile toujours. » Cet aphorisme de l'école québécoise véhicule une notion de forte probabilité de récidive et d'incurabilité du sujet. Il faut bien le reconnaître, la psychiatrie n'est pas en mesure aujourd'hui de modifier le comportement sexuel d'un individu. De même qu'un homme attiré par l'autre sexe n'a que peu de chances de devenir homosexuel, un individu érotiquement stimulé par l'extrême jeunesse ne sera jamais ému par un corps de femme adulte, qui induit chez lui, au mieux, une faible excitation, au pire, du dégoût.

Parmi les pédophiles « primaires » (c'est-à-dire l'ayant toujours été), les psychiatres criminologues distinguent encore deux groupes que tout oppose : les « séducteurs » et les « agressifs ».

Les pédophiles « séducteurs » ou « caresseurs » disent généralement « aimer » les enfants, auxquels ils consacrent beaucoup de temps, y compris dans leur vie extra-professionnelle. Animant des clubs, prenant en charge des activités socio-éducatives ou de loisirs, ils sont perçus par leur entourage comme dévoués, patients, pédagogues. Ce profil de pédophile, plutôt « doux », ne se rend généralement pas coupable d'actes de viol, se « contentant » d'attouchements sexuels. Ils sont généralement pédophiles exclusifs.

Névrosés, ils peuvent être torturés par leur conscience et, donc, demandeurs d'une psychothérapie.

Cyniques, ils se montrent au contraire presque prosélytes, se posant même en pédagogues, affirmant une réciprocité dans les relations qu'ils nouent avec les enfants, dont ils se targuent d'être les « initiateurs ». Ces pédophiles sont considérés par les psychiatres comme des pervers. Leurs passages à l'acte peuvent avoir lieu dans le cadre de l'exercice de leur profession : certaines leur sont d'ailleurs interdites une fois leur perversion repérée.

Le groupe des pédophiles « agressifs » ou « prédateurs », statistiquement très minoritaire, est pourtant plus connu du public. Il se caractérise par une grande violence et un potentiel d'agressivité pouvant aller, dans les cas extrêmes, jusqu'au meurtre. Il est inutile de préciser qu'ils n'aiment pas les enfants et ne les fréquentent pas en dehors de leurs passages à l'acte. Leurs profils psychologiques comportent en général une note de paranoïa, qui se traduit par un désir de maîtrise, de domination, de puissance, non dénué de sadisme, leur plaisir pouvant être accentué par la peur inspirée à leurs victimes. Ils usent volontiers, dans leur « approche », de contraintes ou de menaces, et sont évidemment des violeurs. C'est à cette catégorie de pédophiles « pédoclastes » qu'appartiennent ceux qui commettent des actes de barbarie.

Ces hommes ne sont pas forcément pédophiles exclusifs : ils peuvent par ailleurs mener une vie sexuelle en apparence normale, entretenant en secret leurs fantasmes.

Et la loi ?

La loi sanctionne le « passage à l'acte », et non la pédophilie en tant que telle. Le législateur a aujourd'hui tendance à durcir sa position : en 1994, la loi Méhaignerie prévoyait une peine incompressible de trente ans pour les pédophiles meurtriers. La loi du 17 juin 1998, élaborée sous le ministère d'Élisabeth Guigou et relative à la prévention et à la répression des infractions sexuelles ainsi qu'à la protection des mineurs, montre une volonté de changement. Sans conteste l'une des lois les plus abouties en Europe, elle vise à prévenir ou à limiter les risques de récidive des délinquants sexuels.

Issue d'une réflexion entamée au début des années 90, elle met en place un « suivi sociojudiciaire » du délinquant sexuel dès sa sortie de prison. Le président du tribunal avertit le condamné qu'aucun traitement ne pourra être entrepris sans son consentement, mais que, s'il ne se plie pas à l'injonction de soins, il est passible, en cas de récidive, d'une peine de deux à cinq ans de prison infligée en supplément de la peine principale.

Ce suivi postpénal est un mécanisme complexe critiqué par de nombreux psychiatres : il ne repose ni sur la demande spontanée du « patient » ni sur une véritable obligation. La durée maximale du suivi est fixée à dix ans en cas de délit (agression sexuelle) et à vingt ans en cas de crime (viol). Dans le cadre de ce suivi, les juges peuvent interdire au condamné d'exercer une profession qui le mettrait en contact avec des mineurs.

L'inceste, interdit fondateur

L'inceste représente un tabou fondateur de toute société humaine et civilisée au même titre que le meurtre. Sa prohibition est une loi quasiment universelle, que les anthropologues considèrent, avec l'exogamie (nécessité de se marier à l'extérieur du clan ou de la tribu d'origine), comme le symbole du « passage de l'état de nature à celui de culture [1] ».

De nombreuses explications de l'universalité de cet interdit ont été proposées. Freud mettait en avant le fait que l'exogamie diminuait les dangers liés à la consanguinité, comme la transmission de maladies génétiques. L'exogamie, à laquelle conduit l'interdit de l'inceste, s'opposerait donc à la dégénérescence, voire à la disparition de l'espèce. Mais une telle explication ne peut rendre compte de l'interdit qui pèse sur les relations entre un enfant et un parent par alliance (beau-père, belle-mère).

---

1. Claude Lévi-Strauss, in *Les Structures élémentaires de la parenté*, Mouton, 1967.

Car si l'inceste au sens le plus étroit définit toute relation sexuelle entre un parent et son enfant, il désigne, plus généralement, une relation sexuelle entre proches parents ou alliés.

D'autres auteurs postulent l'existence d'une aversion spontanée, d'origine pratiquement « biologique ». Les souvenirs olfactifs liés à l'enfance, qui sont les plus anciens et les plus puissants, deviendraient spontanément aversifs à l'âge adulte (ils entraîneraient une répulsion naturelle et instinctive). Soit, mais pourquoi dans ce cas un interdit aussi fort serait-il nécessaire ? Comme le souligne Françoise Héritier, anthropologue, professeur au Collège de France, a-t-on vraiment besoin d'une loi pour interdire de mettre sa main au feu ?

En tout état de cause, il faut distinguer les relations incestueuses au sein de la famille restreinte (père et fille) de celles étendues à la famille élargie (oncle et nièce, par exemple). Sans oublier ce que Françoise Héritier a nommé l'« inceste du deuxième type » : le contact symbolique de consanguins par l'intermédiaire d'un partenaire commun, par exemple un beau-père avec sa belle-fille. Non répréhensible pénalement (s'il s'agit de majeurs consentants), une telle relation peut néanmoins causer d'importants dommages. Elle est doublement incestueuse, du fait de la fonction paternelle du beau-père, surtout s'il a élevé l'adolescente depuis des années, mais aussi par la proximité symbolique de la mère et de la fille, partageant les « faveurs » du même homme.

Si l'inceste ou l'abus incestueux le plus fréquemment rencontré concerne la relation père-fille (plus de 90 % des cas rapportés[1]), l'inceste père-fils n'est pas

---

1. *Criminologie et psychiatrie*, sous la direction de Thierry Albernhe, Ellipses, 1997, p. 269.

exceptionnel. L'attitude de la mère de l'enfant abusé a été stigmatisée par de nombreux auteurs – elle est classiquement décrite comme « aveugle » et passive, quand elle n'est pas complice. L'inceste mère-fils ou mère-fille est, semble-t-il, une rareté – la mère est alors presque toujours psychiatriquement malade ou sous la domination d'un tyran domestique, lui-même incestueux, dont elle assouvit ainsi les fantasmes.

Que l'enfant soit abusé avec « douceur » (escroquerie morale) ou par la contrainte physique, une agression sexuelle venant d'un adulte « abuseur » est toujours dommageable pour son développement psychique et sexuel. Par cette relation d'emprise, étudiée par le psychiatre et psychanalyste Reynaldo Perrone, l'abuseur « fait douter jusqu'à la victime que la violence ait eu lieu [1] ».

Il existe également des sentiments incestueux n'ayant jamais donné lieu à un passage à l'acte au sens médico-légal du terme, mais dont les conséquences sont aussi lourdes.

L'une de mes patientes, mariée et mère de famille, me rapportait avec une souffrance morale intense des scènes vécues plus de vingt ans auparavant ; elle se souvenait du sentiment d'effraction, pour ne pas dire de viol, qu'elle éprouvait quand son père « vérifiait » la qualité de sa toilette intime en restant simplement présent dans la salle de bains. Un inceste sans toucher, un inceste du regard. La configuration familiale de cette femme correspondait assez bien à ce que Boris Cyrulnik désigne par le terme de « familles à confinement affectif ». Dans ces familles, pas de vie sociale ou

1. *Violence et abus sexuels dans les familles*, R. Perrone et M. Nannini, ESF, 1995, p. 85.

conviviale, pas de règles familiales. Pas de pudeur, pas de frontières, pas d'espace autonome.

Cependant, il ne faut pas entretenir la confusion fréquente entre l'inceste accompli avec relations sexuelles ou les attouchements sexuels entre un parent et son enfant, et le fantasme œdipien incestueux non pathologique décrit par la psychanalyse. Pour Freud, « le premier objet sur lequel se concentre le désir sexuel de l'homme est de nature incestueuse – la mère ou la sœur – et c'est seulement à force de prohibitions de la plus grande sévérité qu'on réussit à réprimer ce penchant infantile [1] ».

Aldo Naouri parle, nous l'avons vu, de la « propension incestueuse naturelle de la mère », se rapprochant en cela de la conception jungienne, qui définit l'inceste comme une régression vers une fusion mère-enfant.

Par un phénomène naturel d'inhibition, l'amour et l'émotion liés à la tendresse parentale sont incompatibles avec un quelconque éprouvé érotique dans les câlins avec un enfant. Toute ambiguïté est normalement absente dans l'esprit de celui qui prodigue ces caresses. Mais, dans le cas de relations conflictuelles entre époux, une ambiguïté peut subsister dans l'esprit de l'autre parent, réduit par la séparation au rôle de spectateur de cette tendresse. Ceci est d'autant plus vrai que le mépris, la haine ou, pis encore, le dégoût de l'autre inspirent alors le désir de l'éloigner de « son » enfant. Comme si on disait désormais à l'autre : « Ne pose plus tes mains sur “ma fille” ! »

Mais lequel alors est en proie à des fantasmes sexuels ?

Lors d'une expertise pour laquelle j'avais été commis

---

1. *Introduction à la psychanalyse* (1917), Petite Bibliothèque Payot, 1962, p. 315.

par un juge aux affaires familiales, une femme se plaignait avec une horreur non feinte, en présence de son mari (ils étaient en instance de divorce) et de leur fillette de quatre ans : « Docteur, c'est répugnant, il la pelote ! » Le père, mis depuis hors de cause quant aux soupçons d'inceste qui pesaient sur lui, avait simplement répondu, avec une bonne foi et une naïveté désarmantes : « Bien sûr que je la “pelote”, c'est ma fille !... »

L'individu, dans son angoisse non pas d'être coupable mais de passer pour l'être, devient coupable.

KIERKEGAARD,
Le Concept de l'angoisse, II, 2.

La machine judiciaire…

— *Voilà, nous avons pris votre déposition. Vous n'avez plus rien à ajouter ?*

— Non, je ne pense pas…

Le gendarme Moreau se cale au fond de son fauteuil et fixe son regard sur la jeune femme assise de l'autre côté du bureau.

Elle est visiblement très tendue, mal à l'aise, traumatisée par le récit qu'elle vient de faire.

À quelques semaines de la retraite, Pierre Moreau a acquis une expérience importante. Dans le cas présent, il est sûr de son intuition : cette petite dame semble sincère, mais, au fil de sa déposition, il a pu relever quelques incohérences.

« Elle s'est raconté tant de fois cette histoire dans sa tête qu'elle y croit sans l'ombre d'un doute », se dit-il. Dans d'autres cas, il a pu deviner le mensonge délibéré, la volonté de faire mal, ou un désir de vengeance. Cette fois, il est perplexe : cette jeune femme est si bouleversée qu'il est difficile de la croire de mauvaise foi.

C'est vrai, au fond d'elle-même, elle doute de la réalité absolue des « faits » dont elle vient de faire état.

Elle n'est pas certaine que son ex-mari, le père de son enfant, ait commis ces choses… Mais si c'était vrai, si tout son entourage à elle avait raison, si les confidences de sa petite fille de cinq ans n'étaient pas le fruit de son imagination ?

Non, non, elle a eu raison. Il fallait qu'elle le fasse, il fallait qu'elle raconte tout ça. On ne sait jamais, mieux vaut prendre des précautions et, après, on verra bien. D'ailleurs, la police et la justice feront leur travail : elles sauront bien dire si c'est vrai ou pas…

Le gendarme Moreau semble lire dans ses pensées :

— Voyez-vous, madame, si votre ex-mari a fait ça, c'est très grave. Personne ne peut lui accorder la moindre excuse ou lui témoigner la moindre pitié. Et il sera puni comme il le mérite… S'il le mérite… Mais c'est vraiment très grave et il vaut mieux être sûre de vous car, une fois que la machine sera lancée, elle ne pourra plus s'arrêter. Je ne suis pas là pour juger de ce que vous venez de déclarer mais je veux attirer votre attention sur ce qui va se passer… sur les conséquences inévitables de l'enquête.

— Mais ma mère et ma sœur n'ont tout de même pas menti ? Et j'ai une amie qui m'a raconté que ça s'était passé comme ça pour une de ses collègues au bureau… Et puis, vous savez, mon ex-mari, je ne le reconnais plus : il n'est plus le même et, depuis cette histoire, je ne le vois plus pareil…

— Bien, je ne mets pas en doute vos déclarations. J'espère que c'est ma dernière affaire de ce genre : je pars à la retraite dans quelques semaines… Ces histoires-là, c'est trop pénible, trop moche.

Il tourne les feuillets en direction de la jeune femme.

— Il ne vous reste plus qu'à signer votre déposition… Encore une fois, si vous êtes sûre de vous, il faut aller au bout, mais si vous n'avez que de vagues soupçons, mieux vaut bien réfléchir... Vous savez que vous engagez toute la famille dans des années difficiles. Votre fille, particulièrement, va avoir à subir des examens pénibles pour une fillette, et à répondre aux questions des enquêteurs et des psychiatres...

Il sait, Moreau... Il sait que ce qu'il fait là n'est pas conforme à la stricte procédure mais, à quelques semaines de la retraite, un vieux gendarme expérimenté peut avoir envie de prendre une initiative afin de protéger une petite fille de cinq ans contre l'imagination débordante de son entourage.

Droit civil et droit pénal

Ce risque, la machine sociale et judiciaire ne doit pas s'aventurer à le prendre. Même si les accusations peuvent être erronées dans certaines situations analogues, des mesures de protection sont inévitables dans les cas où les allégations sont hautement crédibles.

Comme l'affirmait Dominique Vrignaud, substitut général près la cour d'appel d'Amiens, s'exprimant dans un colloque sur l'inceste à propos d'incestes avérés[1] : « Dire la protection c'est, avant tout, séparer. »

La seconde raison présidant à l'intervention judiciaire en matière d'inceste reste la protection de l'enfant en général, ou plus particulièrement de l'enfant considéré en danger dans sa famille. Encore une fois, les hésitations sinon les risques de confusion entre droit civil (protection) et droit pénal (sanction de l'auteur) en matière d'affaires familiales sont manifestes.

---

1. Colloque national de l'Évolution psychiatrique, 27-28 mars 1999, p. 108.

Et le même Vrignaud note bien :

[...] N'en déplaise à beaucoup, nous pensons que la situation de danger et la nécessité d'une mesure de protection ne s'évaluent pas au seul vu d'un comportement fautif, dangereux, établi ou supposé des parents, mais plus à la capacité [...] de l'enfant et des parents à modifier les équilibres existants, fût-ce avec une aide extérieure demandée, consentie, voire imposée.

L'appareil judiciaire va pourtant être amené à prendre des dispositions immédiates et difficilement réversibles dans les faits, sinon dans les textes.

Pour bien comprendre l'enchevêtrement des procédures, il faut savoir que ces affaires mêlent le droit civil et le droit pénal.

Notre propos n'est certes pas de disséquer le mécanisme de l'intrication des juridictions, mais seulement de montrer comment une fausse allégation – même précocement détectée – peut se traduire dans les faits par la rupture durable, sinon définitive, des liens entre l'enfant et le parent mis en cause.

Très sommairement (et les purs juristes voudront bien pardonner les approximations involontaires), la cascade des actions judiciaires est, dans la majeure partie des cas, la suivante :

Déposition au commissariat ou à la brigade des mineurs à la suite d'une révélation par un enfant ou par un parent.

La suspicion d'agression sexuelle ou de viol une fois déclarée entraîne une enquête.

À ce stade, le procureur de la République décide soit du classement sans suite, soit de confier l'affaire au juge d'instruction (nécessité d'investigations pour des faits suffisamment graves), soit enfin d'une comparution immédiate si les faits signalés sont peu graves mais établis.

Dans le cas le plus favorable, et en l'absence d'éléments tangibles, le juge d'instruction rendra une ordonnance de non-lieu. Dans le cas contraire, on s'achemine vers un procès devant le tribunal correctionnel ou la cour d'assises, en fonction de la gravité et de la qualification des faits allégués. Ainsi l'agression sexuelle constitue un délit, et sera jugée devant le tribunal correctionnel ; le viol est un crime, jugé en cour d'assises.

Quand on sait que la différence essentielle, sous l'angle juridique, entre l'agression sexuelle et le viol consiste en l'existence ou non d'une pénétration (quelle qu'elle soit), on mesure le caractère traumatisant des questions posées à l'enfant dès l'enquête de police, avant que le procureur ait à décider de l'orientation du dossier devant la juridiction compétente.

Il en est de même des examens médicaux et gynécologiques [1], pratiqués à la recherche de preuves et de « traces » caractérisant le viol (rappelons-le, l'agression sexuelle ne laisse généralement pas de trace physique).

Lorsque le juge des enfants et le juge aux affaires familiales sont saisis, ils peuvent dans les cas les plus graves décider de suspendre le droit de visite et d'hébergement du parent concerné, ou de limiter l'exercice de ce droit dans un lieu neutre. Le JAF est un juge civil : le parent mis en cause n'est ni accusé ni inculpé, et ne bénéficie donc pas de la présomption d'innocence, réservée à la matière pénale. Cependant, seule la présence d'éléments tangibles dans le dossier civil justifiera la suspension de ces droits.

---

1. L'examen gynécologique consiste à introduire dans l'orifice hyménéal une sonde, munie à son extrémité d'un ballonnet gonflable. Le ballonnet est gonflé après l'introduction intravaginale. En tirant légèrement sur la sonde, l'examinateur peut inspecter l'hymen : son intégrité élimine l'hypothèse d'un viol, du moins par pénétration vaginale.

Comme nous l'avons vu, l'action pénale suit son cours et, en fonction du principe selon lequel « le pénal tient le civil en l'état », les juges en matière civile, dans la plupart des cas, ne rétabliront pas le droit de visite avant l'issue de l'instance pénale.

Même dans l'hypothèse favorable d'un « non-lieu », le juge des enfants, qui apprécie non seulement les facteurs de risques d'une situation ou d'un milieu familial, mais aussi la violence psychologique, peut avoir des raisons tout à fait légitimes de ne pas rétablir immédiatement les droits du (ou des) parent(s).

Cette présentation des mécanismes est volontairement simplifiée. Mais on peut aisément concevoir que ces procédures puissent s'étendre sur des durées fort longues : des mois, dans la meilleure hypothèse, des années le plus souvent.

L'ensemble de la procédure est en tout cas suffisamment durable, à l'échelle du « temps de l'enfance », pour que soit irrémédiablement endommagé le lien affectif naturel qui s'élabore dans les premières années de la vie humaine.

Il nous faut évoquer ici les effets dévastateurs des différentes étapes d'une telle procédure sur toute la sphère familiale, et d'abord sur le devenir du parent mis en cause…

Cela commence par une convocation à la brigade des mineurs pour des « faits vous concernant » ou, au pire, par l'interpellation du parent, abasourdi par l'accusation que l'on vient de lui signifier.

C'est parfois l'épreuve de la garde à vue qui constitue la seconde étape : fragilisé par la suspicion qui pèse sur lui, le prévenu peut, en fonction de sa vulnérabilité psychique, « craquer » et signer des aveux dont il se rétractera par la suite s'il est innocent. Les « faux aveux » sont une réalité psychiatrique avec laquelle sont familiarisés les policiers comme les experts. Or, cette mise en garde à vue est fréquente...

Lors de la saisine éventuelle d'un juge d'instruction, il pourra s'ensuivre la mise en détention provisoire ou le maintien en liberté sous contrôle judiciaire.

Un nombre significatif de ces affaires sont jugées devant la cour d'assises... Même si la décision finale est la relaxe, il n'en demeure pas moins vrai que l'individu en sortira définitivement marqué.

On sait bien que la triste notoriété qui entoure toute action judiciaire ne s'éteint pas avec l'épilogue, fût-il heureux. Après une relaxe, il arrive que le juge des enfants ou le juge aux affaires familiales persistent dans leur décision de limiter ou de différer la reprise de contact entre le père et l'enfant. Ils peuvent estimer en effet que les péripéties judiciaires et leur cortège de conséquences ont suffisamment bouleversé l'enfant pour que lui soit épargné le traumatisme d'un rapprochement trop précoce.

Si cette thèse n'est pas toujours contestable, il faut penser aussi au destin du père accusé à tort, mis au ban d'un entourage gêné d'avoir hâtivement pris parti et peu pressé de se confronter à l'image vivante de son erreur. Le fait qu'il ne revoie pas toujours librement et normalement son enfant nourrit d'ailleurs ces mêmes doutes et permet aux moins généreux de « camper sur leurs positions ».

En outre, dans le cas où son activité professionnelle le met en contact avec des enfants, le père a pu entre-temps perdre son emploi.

Des enfants traumatisés, un entourage familial déchiré, voilà un résultat que l'on s'accordera à constater avec tristesse dans les situations authentiquement incestueuses, mais que l'on ne peut considérer qu'avec effarement dans les cas où l'accusation est infondée...

Loin de se contenter de sanctionner les éventuels abuseurs, la justice affiche désormais la volonté de dissuader les parents auteurs de dénonciations calomnieuses.

Le nouveau code de procédure pénale dispose en son article 226.10 que sera puni de cinq ans d'emprisonnement ferme et de 300 000 F d'amende l'auteur de telles allégations, quand elles s'avèrent à la fois inexactes et portées dans l'intention de nuire. Des peines de six mois d'emprisonnement avec sursis et 100 000 F d'amende ont déjà été prononcées par le tribunal de grande instance de Paris.

Dans un article intitulé « Inceste et justice », Yvon Tallec, chef du Parquet des mineurs au tribunal de grande instance de Paris, souligne en effet le fait que :

La procédure judiciaire peut fournir au parent accusateur l'occasion d'exercer des pressions sur l'enfant, de l'interroger sans cesse, de lui faire subir des examens médicaux, de pousser l'enfant au double discours, [...] s'agissant de mères qui interprètent la rupture familiale comme conséquence d'actes posés par un père abuseur, dans un contexte social hypersensibilisé aux questions de la maltraitance et des sévices sexuels.

Dans le même article, ce magistrat va jusqu'à dire que : « dans ce type d'affaire, le doute instillé doit profiter à l'auteur présumé [1] », et que « mieux vaut passer à côté d'un coupable que de condamner un innocent, ce doute pouvant, de toute façon, être pour l'enfant une source importante de traumatismes ».

---

1. Ne serait-ce qu'au titre de la règle de présomption d'innocence. *(N.d.A.)*

Quelles solutions ?

Depuis la multiplication de ces affaires, les parties concernées ont recherché des solutions ; loin de prétendre en suggérer de nouvelles, on peut toutefois faire œuvre d'information en résumant les propositions les plus fréquemment formulées.

La crainte de l'autorité policière ayant les vertus qu'on lui reconnaît, les parents devraient être informés, dès le signalement aux services sociaux ou judiciaires, des sanctions dont relève une dénonciation calomnieuse. On pourra ainsi décourager les tentatives les moins déterminées. Cependant, les accusations soutenues par les haines les plus farouches subsisteront, n'en doutons pas… Comme demeureront – et heureusement – les allégations fondées sur des doutes sérieux.

Mais, dans ces affaires, l'enfant est à la fois enjeu, arme et bouclier : en effet, l'impunité choquante des parents auteurs de dénonciations calomnieuses tient aux scrupules liés aux traumatismes psychologiques supplémentaires que ne manquerait pas d'entraîner, chez lui, une sanction infligée au parent dénonciateur, pouvant aller jusqu'à une peine de prison.

Il en est de même dans le cas du délit de non-représentation d'enfant, si rarement sanctionné (plaintes classées sans suite dans plus de 90 % des cas, selon Bernard Fillaire[1]), alors que, selon le nouveau code pénal, le fait de refuser indûment de représenter un enfant mineur à la personne qui a le droit de le réclamer est puni d'un an d'emprisonnement et de 10 000 F d'amende (articles 227-5 et suivants).

Le juge aux affaires familiales doit pouvoir rappeler à chaque parent que sa capacité à préserver le contact entre l'enfant et l'autre parent est un critère essentiel d'attribution de la garde : autrement dit, un parent auteur d'une dénonciation calomnieuse doit savoir qu'il prend le risque de voir la garde de l'enfant attribuée à celui dont il souhaitait l'éloigner. Il en est évidemment de même lorsqu'il se rend coupable de multiples non-représentations.

À la suite d'une dénonciation calomnieuse, le parent innocenté, s'il en a le désir et la compétence, devrait donc non seulement voir rétabli son droit de visite (ce qui n'est pas toujours le cas), mais encore pouvoir solliciter la résidence habituelle de l'enfant avec de fortes chances de l'obtenir.

L'information des parents et de l'entourage devrait aussi porter sur les traumatismes psychologiques de l'enfant et de la fratrie, d'autant plus regrettables que l'allégation est fausse. La déstabilisation du cercle familial élargi et des relations sociales mérite également d'être signalée.

L'information, c'est aussi celle de l'enfant : dans le cas où les faits se révèlent inexacts et sans fondement aucun, il est essentiel que les magistrats, à la fin de la procédure, puissent réunir tous les protagonistes, non

1. Bernard Fillaire, *La Douleur des pères*, Stock, 1998, p. 133.

sans une certaine solennité, pour expliquer le plus clairement possible le sens de la relaxe ou du non-lieu qui a été prononcé. L'enfant sera ainsi rassuré, sur l'innocence de son père comme sur l'absence de risques à rétablir les visites interrompues.

En l'absence de cette théâtralisation, il est trop facile au parent qui accuse de montrer ensuite que l'enfant est « terrorisé » à l'idée de devoir retourner chez l'autre parent. Car quel peut être le sens d'un classement sans suite, d'un non-lieu ou d'une relaxe, pour un très jeune enfant ? Et comment peut-il comprendre que la justice, qui l'a un temps « protégé » d'un parent en l'en éloignant, ne s'oppose plus, subitement, à ce qu'il le revoie dans des conditions normales ?

Tous les intervenants s'accordent à reconnaître que la quête de la vérité ne s'exerce pas forcément dans les meilleures conditions.

Ainsi, on auditionne parfois l'enfant comme on le ferait d'un adulte ou à peu près. Les services spécialisés ne sont peut-être pas assez nombreux, et les personnes qui s'y substituent pas suffisamment formées aux interrogatoires d'enfants.

Magistrats, forces de l'ordre, avocats même devraient disposer – chacun pour ce qui le concerne – des cellules ou des éléments dont la spécialisation serait aussi poussée que possible, et en tout cas suffisante pour maîtriser les ambiguïtés propres à ces situations.

Certes, il faut prendre en compte le coût de la création de telles structures et sans doute y a-t-il d'autres priorités. Mais ces carences ne peuvent être minimisées.

L'apport de l'expertise psychiatrique ou psychologique, quand elle est demandée, pourrait être optimisé :

• en l'étendant systématiquement à tous les protagonistes (y compris les grands-parents lorsqu'ils jouent un rôle actif), et en demandant qu'elle comporte toujours un temps au cours duquel l'enfant est entendu en présence de ses deux parents. Des manœuvres dilatoires de l'un des deux parents pour soustraire son enfant à ce temps crucial de l'expertise ne devraient plus être tolérées ;

• en exigeant des experts qu'ils se prononcent, à un stade précoce de la procédure, sur la sincérité (ou la mauvaise foi) du parent dénonciateur, et sur d'éventuelles motivations psychologiques susceptibles d'alimenter la dénonciation ;

• en agissant plus vite, en demandant aux experts un prérapport dans les plus brefs délais.

Protéger ne signifie pas obligatoirement éloigner. La conception de la protection doit être plus globale : physique, certes, mais aussi psychologique.

Il faut donc mettre au point des méthodes de protection permettant de préserver le lien de l'enfant avec ses deux parents : soit par le maintien pur et simple du droit de visite lorsque l'accusation est peu crédible, et ce dès le dépôt du prérapport ; soit par la définition rapide d'un droit de visite chez des tiers de confiance, ayant un engagement vis-à-vis de la justice. L'intervention d'un éducateur spécialisé dans le cadre des visites restituées peut être une mesure amplement suffisante pour garantir la sécurité de l'enfant.

Le risque est alors très faible, et l'on peut accepter de le prendre au regard de celui encouru par l'enfant lorsqu'un lien essentiel est inutilement coupé.

Il est également indispensable et urgent d'harmoniser les décisions des différentes juridictions concernées :

selon Yvon Tallec, premier substitut du procureur de la République et chef du Parquet des mineurs à Paris, « il n'est pas tolérable, lorsqu'une chambre d'accusation ou un tribunal correctionnel se prononce sur la nécessité de maintenir la relation père-enfant, que le juge des enfants ou le JAF s'y oppose... ».

L'attitude observée à Paris devrait être étendue à toutes les juridictions : quand une relaxe ou un non-lieu est prononcé, s'il apparaît que la dénonciation était calomnieuse, des poursuites sont désormais engagées par le Parquet à l'encontre de son auteur.

Rappelons qu'actuellement, dans la plupart des juridictions, on estime que c'est au parent mis en cause de se constituer partie civile : or, au terme d'une telle procédure, celui-ci n'en a généralement plus la force, exsangue moralement et financièrement.

De surcroît, il n'est pas forcément dans l'intérêt psychologique de l'enfant de l'amener à penser que chaque parent cherche à détruire l'autre. Quel cauchemar pour lui, si après la guerre « maman versus papa » s'engage la guerre « papa versus maman » et si aux dénonciations de l'un succèdent les accusations de l'autre.

Enfin, le fait que le Parquet entame des poursuites tend à démontrer que le corps social prend en compte la maltraitance psychologique infligée à l'enfant par les accusations infondées, et qu'on ne peut impunément tenter d'instrumentaliser la justice dans de tels conflits.

Même si elles sont fondées sur des données erronées, ou encore mal interprétées ou falsifiées, ces péripéties ne sont pas sans conséquences sur l'équilibre présent et futur de l'enfant.

Et c'est exactement là que se situe le principal enjeu...

Prêts à tout pour Théo

Une épouse sous l'influence de ses parents.
Des plaintes pour de multiples non-représentations d'enfant qui répondent aux accusations d'alcoolisme, puis d'abus sexuels.
Des expertises et des jugements divergents.

Le conflit opposant Alix et Benoît au sujet de leur fils Théo a débuté il y a cinq ans.

La folie procédurière a été telle que l'aboutissement logique aurait pu en être le placement en foyer du petit garçon, aujourd'hui âgé de six ans.

Sa mère a été condamnée à une peine de prison ferme pour de nombreuses non-représentations d'enfant.

Quant au père, accusé par son épouse d'alcoolisme, puis d'attouchements sexuels et même de viols sur Théo, il a été également condamné à un an d'emprisonnement, mais avec sursis...

Benoît privé de Théo

Alix et Benoît ont vécu maritalement pendant neuf ans. Une vie commune plutôt heureuse. D'origine modeste, Benoît est cadre dans un établissement bancaire ; sa réussite socioprofessionnelle est moins brillante que celle de sa compagne, dont les revenus sont sensiblement plus élevés. Styliste renommée, Alix appartient à la haute bourgeoisie de province.

Le jour de son trente-cinquième anniversaire, elle quitte Benoît en emmenant Théo, leur fils de dix mois, pour retourner vivre près de chez ses parents... à 650 kilomètres du domicile conjugal. Alix s'oppose à ce que Benoît puisse voir leur bébé, en dénonçant un protocole d'accord rédigé à la hâte par le couple avec l'aide d'un ami avocat. Elle réitère ses refus les semaines suivantes, n'autorisant même pas Benoît à voir son fils le jour de Noël. Elle emmène Théo consulter un psychothérapeute et produit (selon Benoît) des témoignages destinés à nier l'existence de leurs neuf années de vie commune : elle aurait affirmé au thérapeute « avoir passé sa grossesse et élevé Théo seule, alors qu'elle rêvait d'une vie familiale plus construite ».

L'ordonnance provisoire rendue par le juge aux affaires familiales n'accorde donc pas à Benoît l'exercice conjoint de l'autorité parentale.

La psychologue chargée de l'enquête médicopsychologique souligne pourtant que Théo « montre qu'il investit positivement ses deux parents, dont il continue d'avoir besoin ». Il est à ses yeux « primordial qu'il conserve avec chacun des contacts aisés et réguliers ». Elle propose un droit de visite et d'hébergement tout à fait classique (un week-end sur deux et la moitié des vacances scolaires), l'exercice conjoint de l'autorité parentale lui semblant « aller de soi ». Enfin, elle conseille aussi une médiation parentale, afin d'« amener les parents à privilégier l'intérêt de Théo, et à dépasser ce qui, dans l'attribution du droit de visite et de l'autorité familiale, relève davantage de leur conflit de personnalités que de la prise en compte de leur rôle de parents ».

L'enquête médicopsychologique, sans remettre en cause les compétences maternelles d'Alix, met facilement en évidence ses « difficultés à partager l'enfant » et décrit la jeune femme comme « un peu exclusive dans son affection et ses droits maternels ». L'enquêteur souligne que la jeune femme « a besoin d'être relayée, car elle consacre beaucoup de temps et d'énergie à sa vie professionnelle », et note que l'admiration qu'elle voue à son père rend « toute concurrence difficile pour un homme ».

Une grand-mère « efficace »

Benoît de son côté insiste sur les relations entretenues par son ex-femme avec ses parents. Il décrit la mère d'Alix (issue d'une famille de militaires) comme « une femme autoritaire, dominatrice, peu affective » et le père comme « un homme de principes, psychorigide, mais totalement absent ». Selon Benoît, Alix lui voue une admiration sans bornes. Il affirmera par la suite que c'est elle qui a « tout orchestré », suggérant à sa fille les allégations d'alcoolisme puis de comportement incestueux. C'est encore elle qui aurait réglé les honoraires des avocats, afin de « soutenir » Alix.

Plusieurs mois passent. Benoît, qui voit rarement son fils, en est privé une nouvelle fois pour les fêtes de Noël. Théo a maintenant vingt-deux mois ; un an s'est écoulé depuis la séparation. Deux tentatives de médiation parentale ont échoué… et pour cause : seul Benoît s'y est rendu. Entre-temps, Alix a multiplié les non-représentations d'enfant. En avril, l'ordonnance définitive du juge, fondée en partie sur l'expertise médicopsychologique, est rendue : Benoît obtient enfin l'exercice de l'autorité parentale conjointe, ainsi qu'un droit de visite et d'hébergement.

Le jour même, Alix fait appel de ce jugement, en sollicitant la suppression pure et simple des droits accordés à Benoît. Celui-ci dit avoir trouvé sur son répondeur téléphonique le message suivant : « Le droit des femmes est bafoué, j'aurai ta peau ! » Mais Alix est déboutée de sa demande, et Théo passe ses premières vacances d'été avec son père.

Quarante plaintes successives

En septembre, Alix déclare devant le juge que son ex-conjoint souffre d'alcoolisme. Devant la normalité des bilans clinique et biologique pratiqués, sa plainte est classée sans suite.

La situation empire : Alix se réfugie systématiquement en province les week-ends où Benoît devrait pouvoir exercer son droit de visite. S'il se déplace, il se heurte à un refus, voire à une maison fermée et vide, et repart sans avoir seulement aperçu son fils ; il doit alors porter plainte, pour attester de sa venue et de son désir de voir l'enfant. À l'inverse, s'il se désiste (persuadé qu'il ne verra pas davantage son fils en allant le chercher), la sanction est immédiate : Alix s'empresse de signaler que Benoît se désintéresse de son fils.

Mais la jeune femme ne s'en tient pas là. Six mois plus tard, devant témoins, elle aurait publiquement brandi une nouvelle menace : « Il ne verra plus jamais Théo, il me reste l'inceste... »

En attendant, elle produit devant le tribunal une attestation d'un psychothérapeute.

Celui-ci ayant observé chez l'enfant d'importants troubles du langage, notamment un bégaiement qui s'intensifie au moment des séparations, attribue ces symptômes au conflit conjugal. Il va jusqu'à affirmer que l'équilibre de l'enfant nécessite de limiter les visites chez son père et de fractionner les périodes de vacances.

Nous avons vu ce que le code de déontologie médicale dit de telles attestations : elles sont strictement illégales et passibles de sanctions. Il est vrai que, n'étant pas médecin, le psychothérapeute de Théo ne s'y sentait pas nécessairement soumis...

Grâce à ce document, Alix espère obtenir la suppression pure et simple du droit d'hébergement de Benoît, mais elle est déboutée de sa demande. Pourtant les vacances de Benoît avec Théo sont une nouvelle fois annulées. (« Va te faire foutre ! » lui répond Alix par téléphone.)

Et Benoît, une fois de plus, porte plainte pour non-représentation d'enfant.

« Papa met zizi dans cucul ! »

En septembre, nouveau recours à la justice : Alix accuse cette fois Benoît d'agressions sexuelles sur Théo. Elle fait précéder le dépôt de plainte d'un coup de téléphone à Benoît (« "Papa met zizi dans cucul", dixit mon fils ! ») et produit pour « preuve » une lettre de la nourrice du petit garçon. Son auteur étant l'employée des parents d'Alix, le tribunal ne prend pas en considération cette attestation.

Pourtant, une fois les accusations d'inceste exprimées, les événements vont prendre un tour tragique : Benoît est d'abord mis en examen. Au terme d'une instruction pénale de six mois, il bénéficie d'un rapport d'expertise médicopsychologique favorable dont la conclusion précise que : « L'examen médical et psychiatrique ne révèle aucune anomalie mentale ou physique. » Si l'expert signale la douleur de Benoît d'être ainsi accusé, et de voir mises en doute « ses qualités de père dont il souhaite assumer pleinement le rôle », il précise qu'il souffre davantage encore « de la situation à laquelle est confronté Théo par le fait de la séparation de ses parents, et de la procédure judiciaire en cours ».

Quant à l'expert[1] chargé d'examiner Théo, le bon équilibre de l'enfant lui paraît manifeste, ainsi que l'amour qu'il porte à ses deux parents et la qualité du rapport avec son père. À ses yeux, l'enfant est crédible, même s'il ne faut pas exclure, compte tenu de son jeune âge, la possibilité de déformation de la réalité. Il faut le préciser, lors de cet entretien, Théo a nié avoir prononcé les mots accusateurs à l'égard de son père.

Un an plus tard, le petit garçon (il a alors cinq ans) répétera pourtant devant le juge d'instruction la phrase fatidique : « Papa a mis zizi dans cucul. »

En matière civile et pénale, les expertises divergent

Les conclusions de l'expert judiciaire désigné dans le cadre de la procédure correctionnelle pour examiner

1. En matière pénale, l'examen de l'abuseur présumé et celui de la victime sont souvent effectués par deux experts différents.

Théo ne laissent, en revanche, guère de place au doute. La réalité de l'inceste semble établie :

L'enfant peut avoir été la victime d'agressions sexuelles, les troubles qu'il présente étant en relation directe avec les faits évoqués. Ces troubles pourraient « perdurer, voire s'aggraver, si l'enfant continuait à dormir chez son père ». Pour « l'amélioration » de Théo, la suspension du droit de visite et d'hébergement apparaît comme l'un des meilleurs traitements possibles.

Ainsi, quand un expert conclut à la santé physique et psychologique de Théo, l'autre détecte des troubles graves (un retard de langage imputé à un « effet de choc » nécessitant un suivi en orthophonie) qu'il relie sans hésitation aux allégations, et se prononce en faveur d'une suppression de tout droit de visite pour le père.

Lequel est dans l'erreur ?

L'enjeu d'un combat sans merci

À ce stade de la procédure pénale, Benoît peut encore légalement continuer à voir son enfant, mais Alix s'obstine à refuser de lui ouvrir sa porte ; par mesure de précaution, elle va même jusqu'à déscolariser Théo chaque vendredi, de crainte que son père ne vienne directement le chercher à la sortie de l'école.

Benoît est obligé d'aller régulièrement à la gendarmerie afin de faire valoir ses droits. Les gendarmes se rendent alors en sa compagnie au domicile d'Alix. Celle-ci sort de la maison en hurlant, injurie les forces de l'ordre et refuse de les laisser entrer, menaçant de convoquer les médias ainsi qu'une association de défense des enfants.

Le lendemain, elle se présente seule à la gendarmerie, maintenant son refus de tout droit de visite. Elle affirme aux gendarmes être venue sans l'enfant pour « qu'il ne [lui] soit pas retiré par le procureur de la République qui [lui] a tendu un piège ». Elle porte ensuite plainte, et demande à la cour de lui « rendre sa dignité en disant qu'elle n'est pas coupable ».

Quelques semaines plus tard, trouvant une nouvelle fois porte close alors qu'il vient chercher son fils, Benoît, fou de rage et d'impuissance, retourne à la gendarmerie. Lorsque les gendarmes se dirigent vers le domicile de la jeune femme, ils croisent la voiture dans laquelle elle s'enfuit en compagnie de Théo. Interceptée, Alix refuse de les suivre. Comme elle tente une nouvelle fois de s'enfuir, elle est menottée sous les yeux de son fils, et conduite au poste en garde à vue. Là, elle réitère ses accusations de « pédophilie » et insulte les gendarmes :

« Vous êtes tous des salauds et des fumiers ! »

L'intensité dramatique de cette scène est largement au-delà des limites de tolérance de Théo : pris de panique, il se recroqueville, et s'accroche désespérément à sa maman en hurlant de terreur. Il va de soi que Benoît, battant en retraite, a choisi de repartir sans lui. Enjeu et témoin impuissant d'un combat sans merci, un petit garçon de cinq ans ne peut qu'être profondément meurtri et marqué de façon indélébile par de telles épreuves. Faut-il alors s'étonner qu'à ce stade un expert décèle chez lui des troubles psychiques ?

Plus préoccupant : Théo manifeste – on peut le comprendre – une certaine frayeur à l'approche d'un week-end chez son père. Mais qui peut dire avec certitude si des troubles dépourvus de toute spécificité (cauchemars, terreurs nocturnes, manifestations psychosomatiques diverses, etc.) ont valeur de « preuve » d'agressions sexuelles ou traduisent seulement le retentissement inévitable de scènes d'une telle violence, dans lesquelles le père cherchant à faire valoir ses droits est perçu comme l'agresseur d'une mère protectrice ?

« Un comportement incompatible avec l'intérêt de son fils »

Alix, elle, s'enfonce alors un peu plus dans son délire procédurier en portant plainte, après l'épisode de la gendarmerie, pour non-assistance à personne en danger. Déboutée, elle sera finalement condamnée pour « outrages à une personne dépositaire de l'autorité publique », et pour « non-représentations d'enfant ». Condamnations assorties de trois ans de mise à l'épreuve.

Les termes du jugement rendu en matière civile par la cour d'appel sont peu indulgents :

Le conflit des parents s'est exacerbé au détriment de l'enfant. Les parents ont continué de s'obstiner de manière irraisonnée et de surenchérir dans un « combat judiciaire » mené réciproquement sur les plans civil et pénal.

Le jugement note encore :

En dépit de son comportement incohérent depuis la séparation du couple et de son harcèlement judiciaire continu et méthodique à l'encontre de son ex-mari, il convient d'aider cette mère à dépasser un raisonnement égoïste rigide, incompatible avec l'intérêt supérieur de son fils mineur, tout en l'obligeant avec certaines contraintes et menaces à respecter les décisions de justice et les auxiliaires de justice[1].

---

1. Alix a en effet toujours refusé de répondre aux convocations successives d'un expert psychiatre, désigné par un juge.

Pour ses multiples non-représentations d'enfant et son acharnement à ne pas respecter les décisions de justice, le juge du tribunal correctionnel s'est vu contraint de prononcer contre Alix une peine d'emprisonnement de six mois, avec sursis, et mise à l'épreuve pendant trois ans.

Depuis ce jugement, celle-ci, qui a réitéré le délit de non-représentation d'enfant, a été une nouvelle fois condamnée à une peine d'un an d'emprisonnement ferme et à plusieurs amendes.

Parallèlement, les événements ont suivi leur cours. Théo a répété devant le juge d'instruction les propos qu'il avait nié avoir prononcés un an plus tôt devant l'expert (« Papa met zizi dans cucul »). Benoît n'a plus revu son fils depuis un an et demi. Le rapport d'expertise qui constatait les troubles psychologiques chez l'enfant, ainsi que des témoignages défavorables provenant de l'entourage d'Alix ont pesé lourd. Le jugement vaut à Benoît une peine d'emprisonnement d'un an avec sursis. Un appel est en cours.

Quelle que soit l'issue de cette affaire, point n'est besoin d'être psychologue ou psychiatre pour mesurer l'étendue des dégâts chez l'enfant. N'ayant jamais eu la possibilité d'exercer son droit de visite et d'hébergement, Benoît n'a pas pu être normalement investi par Théo. Aux yeux du petit garçon, il a mis sa mère en danger au cours d'une scène terriblement traumatisante (mise en garde à vue, menottes aux poignets). L'enfant est probablement « convaincu » de la dangerosité et de l'agressivité de son père, et celui-ci est laminé par l'ensemble de ce processus.

Si sa condamnation est confirmée en appel, Benoît risque l'emprisonnement. Si elle aboutit à la relaxe, il aura vraisemblablement de très grandes difficultés à renouer un lien de confiance et d'affectivité avec Théo, et il est difficile de concevoir qu'Alix puisse se plier au droit de visite défini par la justice.

On peut craindre que ce petit garçon ne soit bientôt placé dans un foyer : sa maman risque une peine de prison ferme pour non-représentations d'enfant, et son père est également menacé d'emprisonnement pour faits d'agression sexuelle. Alix vient de changer d'avocat pour la septième fois.

Tout porte à croire que Théo risque de se voir privé de ses deux parents, qui auront ainsi démontré qu'ils préféraient le perdre plutôt que le partager.

Conclusion

La plupart des professionnels confrontés aux affaires dont il est question dans ce livre n'échappent pas à un sentiment de malaise, probablement lié au climat de doute indissociable de ces drames et à la difficulté de parvenir à une certitude. Dominique Vrignaud[1] exprime bien le désarroi des magistrats face au soupçon d'inceste :

« La justice paraît parfois, dans les affaires d'inceste, comme la victime face à son abuseur, sidérée, immobilisée dans sa capacité à réagir, tétanisée dans sa capacité à analyser. Le crime est tellement grave, nous atteint tellement directement que la violence légitime qui peut être exercée sur son auteur se transforme en coercition, en violence injuste où auteur et victime deviennent objet de nos peurs[2]. »

Ce malaise et ce doute ne m'ont pas été épargnés au fil de l'écriture… et des expertises. Pourtant, nous ne

1. D. Vrignaud est substitut général près la cour d'appel d'Amiens.
2. *Colloque national de l'Évolution psychiatrique*, *op. cit.*

sommes sûrement pas aussi désarmés que cela, et j'ai la conviction qu'une connaissance approfondie du contexte psychofamilial dans lequel surviennent les fausses allégations permettra de vaincre la peur qu'elles suscitent et de préserver l'objectivité du jugement.

Dès lors, les solutions proposées dans cet ouvrage devraient permettre de protéger efficacement l'enfant en danger sans détruire d'emblée les relations parentales. Elles mériteraient d'être réellement étudiées.

Ainsi, informer les parents, dès le stade du signalement ou de la plainte, des conséquences psychologiques pour leur enfant en cas d'erreur me paraît être un préambule indispensable. Tout comme l'exposé solennel des sanctions encourues par les auteurs de dénonciations calomnieuses. Associée à la généralisation des poursuites engagées par le Parquet, cette information aurait sans doute un effet dissuasif dans les cas de mauvaise foi.

Il est impensable que l'expertise psychiatrique ne soit pas systématiquement étendue à tous les protagonistes, y compris le parent dénonciateur, voire les grands-parents. Cela afin de mettre au jour l'ensemble des facteurs psychologiques qui pourraient avoir joué un rôle déformant, et de mieux évaluer la crédibilité et la sincérité de l'auteur de l'accusation.

Certains psychiatres ou pédopsychiatres dont la tendance est d'adhérer sans réserve au discours de l'enfant se disent choqués, ou déplorent que sa parole puisse être mise en doute. S'interroger sur la validité du témoignage du très jeune enfant ne revient pas à le considérer comme un affabulateur. Nous avons vu ce qu'il en était : si le très jeune enfant « ment » rarement, cela ne signifie pas pour autant qu'il dit toujours la vérité, car il est influençable. Il faut donc refuser toute attitude réductrice et manichéenne, ainsi que des positions de principe plus idéologiques que professionnelles. Le discours et le témoignage de l'enfant peuvent et doivent être exploités par la justice... avec les précautions qui s'imposent, plus encore dans les contextes passionnels.

Tout au long de la rédaction de cet ouvrage, mon souci permanent a été que jamais un abuseur ne puisse l'utiliser pour brandir la « preuve » de son innocence. « Apporter des éléments utiles à la manifestation de la vérité » est un aspect essentiel de la mission de l'expert judiciaire. Vérité dont on sait qu'elle est bien souvent la première victime de tout conflit... Vérité qui doit triompher du mythe ou du fantasme.

Je suis convaincu que le danger le plus insidieux des fausses allégations n'est pas uniquement celui de l'erreur judiciaire. Celles-ci portent également en germe le risque terrible de semer le doute sur des situations d'inceste réel. *Plus les accusations infondées se multiplieront, plus le risque augmentera qu'une révélation peu étayée ne soit pas prise au sérieux, et donc qu'un abus réel ne soit pas reconnu.*

La justice se préoccupe du nombre croissant d'allégations dans lesquelles le parent dénonciateur recherche avant tout une rupture des relations entre l'enfant et son autre parent, ou un exercice unilatéral de l'autorité parentale. Il est intolérable que l'on tente d'utiliser l'institution judiciaire pour parvenir à de telles fins. Il est intolérable que l'on mette en péril l'équilibre et l'avenir d'un enfant sans être sincèrement convaincu des dangers qu'il encourt.

Débarrasser le débat de l'amalgame entre les fausses allégations et les accusations mensongères, caractériser et pénaliser ces dernières sont des nécessités indissociables de l'intérêt supérieur des enfants. L'expérience acquise dans ce domaine m'a cependant permis de vérifier que le mensonge et la mauvaise foi sont heureusement l'exception. Bien plus souvent, le parent dénonciateur est lui aussi abusé par… son imagination. Mais, nous l'avons vu, le pouvoir de nuisance du soupçon d'inceste est considérable, même dans les cas d'accusations peu crédibles. Dans ces situations dramatiques, il ne peut y avoir de gagnant, le grand perdant étant malheureusement l'enfant, que l'on dit pourtant vouloir protéger.

Même lorsque la justice parvient finalement à démêler le vrai du faux, des années auront été perdues, et les parents, une fois innocentés, n'échappent pas à un profond sentiment de vide et de dépression. Bien souvent, d'ailleurs, ils ne revoient pas davantage leurs enfants, auxquels ils inspirent encore une crainte bien compréhensible : quel peut être le sens d'un non-lieu pour une fillette qui n'a pas vu son père depuis plusieurs années ? Et comment répondre à la méfiance que lui inspire alors un parent dont elle a tout oublié… sinon qu'il est au centre du drame le plus pénible de sa jeune histoire ?

En essayant de comprendre comment des couples pouvaient en arriver à de telles extrémités, je me suis intéressé aux facteurs psychologiques liés à la dégradation de la relation conjugale. Il est clair que la désillusion amoureuse est une condition nécessaire à la survenue de telles accusations ; mais il est évident, aussi, qu'elles ne peuvent naître et prendre corps que dans une tourmente follement passionncllc.

Cependant, ce qui m'a le plus frappé dans l'analyse de nombreux cas de ce type est probablement l'intensité portée au paroxysme de la haine, et, plus encore, du dégoût de l'autre. J'attache une importance toute particulière à ce constat, car ces sentiments forment à l'évidence un substrat fertile au pire des soupçons, le soupçon d'inceste. Et ce sont eux, en grande partie, qui confèrent au discours du parent accusateur l'apparence troublante de la sincérité, et l'illusion de la véracité.

Chacun doit s'appliquer à dominer et dépasser l'émotion instinctive, consensuelle et faussement rassurante que provoque le soupçon d'inceste. Chacun est concerné : médecins, experts, avocats, magistrats, enseignants… Mais aussi et surtout les parents qui, parfois contaminés par l'idéologie dominante et l'obsession collective de l'inceste, s'interrogent sur les manifestations de tendresse prodiguées à leurs enfants. Il faut réaffirmer avec force cette évidence : la tendresse, les baisers, les câlins ne s'accompagnent chez des adultes « normaux » d'aucun éprouvé érotique. Ils ne doivent faire l'objet d'aucune culpabilité. Les psychiatres savent au contraire à quel point les carences affectives constituent un handicap pour l'enfant.

« La justice ne répare que ce qui est réparable [1] », elle ne peut – et ce n'est d'ailleurs pas sa vocation – éliminer tout le tragique de l'existence. Malheureusement, l'inceste existe. Malheureusement, les conflits

1. D. Salas, *La Justice et le mal*, Odile Jacob, 1997.

conjugaux d'une violence telle que l'intérêt de l'enfant y est sacrifié sont aussi une réalité. Il ne faut pas que la vigilance indispensable tourne à la déraison, et on ne devrait jamais oublier que la protection d'un enfant doit être globale : physique certes, devant le risque bien réel d'abus sexuel, mais aussi psychologique, en raison du risque non moins grand de manipulation ou d'utilisation de son discours dans le conflit.

Publier un travail sur le soupçon d'inceste n'est pas une décision facile à prendre quand on est professionnellement impliqué dans ces affaires. Le pamphlétiste, l'essayiste, le romancier peuvent se laisser emporter par leur sujet : on admettra facilement dans ce contexte un engagement déclaré. Leurs idées nouvelles font évoluer les mentalités ; ce qui est considéré comme iconoclaste aujourd'hui sera consensuellement jugé clairvoyant demain.

La position de l'expert est plus délicate. Aborder une question aussi sensible sous un angle professionnel requiert, si l'on souhaite dépassionner et enrichir le débat, une nécessaire objectivité, une stricte neutralité, une distance et une froideur rendues possibles par la technicité, même si cette attitude ne doit jamais se départir d'un souci d'humanité.

J'ai en tous cas eu la volonté de délivrer davantage une information qu'une conviction personnelle, et tenté de proposer des solutions réalistes. Des échanges avec des magistrats et des confrères m'ont donné le sentiment que cette réflexion se heurterait peut-être au rejet de quelques-uns, mais que je pouvais aussi en espérer un écho. Elle répondra, je le pense, à l'attente de tous ceux qui, ici ou là, sont parvenus au même constat, et souhaitent attirer l'attention sur une situation d'impasse et d'indicibles souffrances.

Si la réflexion initiée ici pouvait être poursuivie ; si, après avoir lu ce livre, un seul parent renonçait à utiliser cette arme imparable ; si un seul enfant pouvait ne pas être inutilement privé de l'un de ses deux parents, et définitivement meurtri… Alors ce travail n'aura pas été vain, il aura contribué à déjouer le piège que constitue, de l'aveu même des magistrats, le soupçon d'inceste.

Remerciements

Je voudrais exprimer toute ma gratitude à Andrée Ruffo, qui m'a honoré de sa confiance et de son soutien, montrant ainsi, et avec quelle force, que cette cause est avant tout celle de l'enfant ; ainsi qu'au professeur Serge Brion, à qui je dois l'initiation à l'expertise judiciaire en matière psychiatrique, et qui incarnera toujours à mes yeux l'exemple vivant d'une morale professionnelle.

Aucun travail ne s'accomplit dans la solitude, celui-là moins qu'un autre. Je souhaite remercier très chaleureusement ceux qui m'ont aidé, soutenu ou encouragé, et ont ainsi contribué à la réalisation de cet ouvrage : le professeur Henri Barte, le professeur Jacques Bègue, Jacqueline Breton, Alain Brousse, le docteur Alain Junes, Anne-Marie Revol, Marion Scali, Jacqueline Teitgen, Florence Vigier, le docteur Jacques Waynberg, ainsi que la Fédération des Mouvements pour la Condition paternelle, et SOS Papa.

BIBLIOGRAPHIE

AJURIAGUERRA Jacques DE, *Manuel de psychiatrie de l'enfant*, 2e édition, Masson, 1974.

ALBERNHE Thierry (sous la direction de), *Criminologie et psychiatrie*, Ellipses, 1997.

Bulletin officiel du ministère de l'Éducation nationale n° 30, 4 septembre 1997, circulaire n° 97-175. Instruction concernant les violences sexuelles.

Colloque national de l'Évolution psychiatrique (27-28 mars 1999), Dunod, 1999.

« De la crédibilité des allégations des mineurs d'âge en matière d'abus sexuel », in *Psychiatrie de l'enfant*, XXXVII, 2, 1994.

DROMARD G., *Essai sur la sincérité*, Félix Alcan, 1911.

FILLAIRE Bernard, *La Douleur des pères*, Stock, 1998.

FREUD Sigmund, *Introduction à la psychanalyse* (1917), Petite Bibliothèque Payot, 1962.

GETTI J.-P., « L'inceste père-fille. Le rôle du juge », in *Revue médicale et enfance*, décembre 1986.

GREEN A., *True and False Allegations of Sexual Abuse in Child Custody Disputes, in* Journal of the American Academy of Child Psychiatry, 1986.

KRAFFT-EBING, *Psychopathia Sexualis* (traduit en français et publié en 1931, Payot).
LÉVI-STRAUSS Claude, *Les Structures élémentaires de la parenté*, Mouton, 1967.
Libération, 29 mars 1999.
Libération, 5 juillet 1999.
NAOURI Aldo, CYRULNIK Boris, HÉRITIER Françoise, *De l'inceste*, Odile Jacob, 1994.
PERRONE R., NANNINI M., *Violence et abus sexuels dans les familles*, ESF, 1995.
PIAGET Jean, *Le Jugement moral chez l'enfant*, Presses universitaires de France, 1992.
ROURE Louis-Paul, *Le Mensonge et la Simulation, aspects psychiatriques et criminologiques de la sincérité*, Masson, 1996.
SALAS D., *La Justice et le mal*, Odile Jacob, 1997.
VAN GIJSEGHEM Hubert, *L'Enfant mis à nu : à la recherche de la vérité*, Éditions Méridien (Psychologie), 1992.

Achevé d'imprimer en octobre 1999 sur presse Cameron
par ***Bussière Camedan Imprimeries*** *à Saint-Amand-Montrond (Cher)*
pour le compte des éditions Belfond

Dépôt légal : octobre 1999. — N° d'Édition : 3693. — N° d'Impression : 994544/1.